政府和社会资本合作(PPP)项目
社会资本方遴选工作指南

中国招标投标协会　编著

中国计划出版社

图书在版编目（CIP）数据

政府和社会资本合作（PPP）项目社会资本方遴选工作指南 / 中国招标投标协会编著. -- 北京 : 中国计划出版社, 2018.5（2018.7重印）
ISBN 978-7-5182-0845-6

Ⅰ. ①政… Ⅱ. ①中… Ⅲ. ①政府投资－合作－社会资本－应用－政府采购制度－中国－指南 Ⅳ. ①F812.2-62

中国版本图书馆CIP数据核字(2018)第076013号

政府和社会资本合作（PPP）项目
社会资本方遴选工作指南
中国招标投标协会　编著

中国计划出版社出版发行
网址：www.jhpress.com
地址：北京市西城区木樨地北里甲 11 号国宏大厦 C 座 3 层
邮政编码：100038　电话：（010）63906433（发行部）
北京市科星印刷有限责任公司印刷

880mm×1230mm　1/16　6 印张　119 千字
2018 年 5 月第 1 版　2018 年 7 月第 2 次印刷
印数 4001—8000 册

ISBN 978-7-5182-0845-6
定价：50.00 元

编制说明

目前，国际上没有一个通行的关于“PPP 模式”的定义，不同的国家、经济区域或多边银行均对此做出了不同的定义[①]。按照《国务院办公厅转发财政部发展改革委人民银行关于在公共服务领域推广政府和社会资本合作模式指导意见的通知》(国办发〔2015〕42 号)，我国对“PPP 模式”的表述为：“政府和社会资本合作模式是公共服务供给机制的重大创新，即政府采取竞争性方式择优选择具有投资、运营管理能力的社会资本，双方按照平等协商的原则订立合同，明确责权利关系，由社会资本提供公共服务，政府依据公共服务绩效评价结果向社会资本支付相应对价，保证社会资本获得合理收益。政府和社会资本合作模式有利于充分发挥市场机制作用，提升公共服务的供给质量和效率，实现公共利益最大化。”

PPP 模式强调产出的公共属性，不适用于纯商业性或私人属性的产品；政府和社会资本方根据各自的优势分担风险，不同的风险应该由最具防控能力和应对能力的一方承担，PPP 模式需充分体现项目风险分担；PPP 模式应具备明确而具体的产出绩效特点，社会资本方只能在提供了满足绩效要求的产出后，方可获得支付；采用 PPP 模式比单纯由政府提供公共产品及服务具有更低的全生命周期成本（更低的公共服务价格、更优的质量和更高的效率）。

本《指南》中的社会资本方遴选，是指政府方依法通过公开招标、邀请招标、两阶段招标、竞争性谈判等方式，公平择优选择具有相应投资能力、管理经验、专业水平、融资实力以及信用状况良好的社会资本方作为合作伙伴的采购过程（以下简称为社会资本方采购）。社会资本方采购活动阶段一般从政府授权采购人开始至 PPP 项目合同签署并生效为止。

本《指南》编制所依据的上位法主要是《中华人民共和国招标投标法》（以下简

---

① 《世界银行公私合作关系操作指南》的定义：“PPP 模式是一种以向公众提供公共资产及服务为目的政府与私有团体长期的合同关系，在这种合作中，私有团队承担项目的主要风险和管理责任，根据绩效获得回报的模式。”亚洲开发银行《公私合作（PPP）手册》公私合作的定义：“公私合作”一词描述了为开展基础设施建设和提供其他服务，公共部门和私营部门实体之间可能建立的一系列合作伙伴关系。

称《招标投标法》）和《中华人民共和国政府采购法》（以下简称《政府采购法》）以及六部委共同颁布的《基础设施和公用事业特许经营管理办法》相关法律法规的规定。需要特别说明的是，由于《招标投标法》和《政府采购法》两个法律法规体系对采购方式、采购文件、采购程序等内容有不同的规定，在正文叙述内容中，为避免使用者对相关内容产生混淆，考虑到目前开展的PPP项目大部分适用于政府采购法律法规体系的实际情况，正文中如无特别的说明，关于采购方式、采购文件、采购程序等内容的叙述均以政府采购法律法规体系的相关规定为例。使用者应根据本《指南》中相关章节的说明，认真区分拟实施的PPP项目应适用的法律法规体系，并按照相关的法律、法规及部门规章等规定开展采购活动。

本《指南》以社会资本方采购工作程序为主线，正文共分五章和4个附录，包括：总则、社会资本方采购前的准备、采购文件的编制、社会资本方采购程序、采购结果确认谈判及合同签署，系统地向使用者介绍社会资本方采购的特点、法律适用、程序以及对一些重点、难点问题的思考和建议。

本《指南》供PPP项目各参与方参考使用，并不具有强制执行的效力，使用者需根据项目自身实际情况合理制定采购方案、实施计划及采购文件等内容，并经相关行政主管部门的审核或批准。

本《指南》在编制内容中难免出现疏漏和不足，我们会跟踪实施情况并持续地对内容进行修正，同时也希望得到使用者对各行业社会资本方采购工作政策信息和实施经验的持续反馈，并将修订意见反馈至中国招标投标协会（地址：北京市西城区月坛南街59号新华大厦10层，邮箱：bangongshi@ctba.org.cn）。以此不断地解决社会资本方采购活动中出现的新问题，进一步规范采购活动，稳步提高采购质量，为PPP模式在我国的持续健康发展做出贡献。

本《指南》著作权归属于中国招标投标协会，使用者对著作权的使用及许可须征得中国招标投标协会同意及授权。

目　　录

1 总　　则

1.1　编制目的

为促进基础设施和公共服务领域 PPP 项目社会资本方采购活动规范、合理和高效，帮助采购人及采购代理机构根据其 PPP 项目自身特点，制定科学合理的采购方案，编制适合采购需求的采购文件，选择合规、高效的采购程序。

1.2　编制依据

本《指南》依据《招标投标法》和《政府采购法》等现行相关法律法规及规范性文件（见参考文献）并结合社会资本方采购特点、需求和实践经验，编制本《指南》。

1.3　适用范围

本《指南》适用于中华人民共和国境内实施的基础设施和公共服务领域 PPP 项目的社会资本方采购工作。

1.4　术语定义和解释

1. 政府方

政府方是指提出 PPP 项目的县级以上人民政府及其授权的项目实施机构。

2. 项目实施机构

项目实施机构是指在县级以上人民政府依法授权范围内负责 PPP 项目的前期论证、实施方案编制、社会资本方选择、项目合同签订、项目组织实施以及合作期满移交等工作的有关部门或单位。

3. 社会资本方

社会资本方是指政府方依法通过竞争性方式选择的负责 PPP 项目的投资、建设、运营等工作的法人或者其他组织。社会资本方为多方成员组成联合体的，应指联合体及联合体各方。

4. 项目公司

项目公司是指由社会资本方单独或由其与政府出资人代表共同出资设立的，负责完成 PPP 项目的特殊目的公司。

5. 政府出资人代表

政府出资人代表是指政府依法指定的，代表政府作为 PPP 项目公司的股东履行出资人职责，享有出资人权益的法人或者其他组织。

6. 采购人

采购人是指负责选择 PPP 项目社会资本方的实施主体。PPP 项目的采购人通常为项目实施机构或政府授权的其他机构。为表述方便，本《指南》中的“采购人”在招标方式下也称为“招标人”。

7. 采购文件

采购文件是指由采购人或采购代理机构编制的用来选择社会资本方的竞争性文件，文件中包含选择社会资本方的资格条件、合同条款、评审方法以及其他相应的格式文件等。不同采购方式下的采购公告、资格预审文件均为采购文件的组成部分。为表述方便，本《指南》中的“采购文件”在招标方式下也称为“招标文件”。

8. 响应人

响应人是指按照采购文件的规定参与社会资本方采购活动、提交响应文件的法人或其他组织。为表述方便，本《指南》中的“响应人”在招标方式下也称为“投标人”，在某些采购方式下，也称为“应答人”。

9. 响应文件

响应文件是指响应人或投标人按照采购文件要求编制，对采购文件进行实质性响应并提交给采购人的文件。为表述方便，本《指南》中的在招标方式下也称为“投标文件”，在某些采购方式下，也称为“应答文件”。

10. PPP 项目合同

PPP 项目合同是指政府方与社会资本方及项目公司（如设立）依法就 PPP 项目合作所订立的合同。

11. 项目边界条件

项目边界条件是项目合同的核心内容，主要包括权利义务、交易条件、履约保障和调整衔接等边界。

12. 全生命周期

全生命周期（Whole Life Cycle）是指项目从勘察、设计、融资、建造、运营、维护至终止移交的完整周期。

13. 合作期限

合作期限是指 PPP 项目合同生效到合作结束的期限，其中包含建设期（有）和运营期。

14. 物有所值

物有所值是指一个组织运用其可利用资源所能获得的长期最大利益。物有所值评价是国际上普遍采用的一种评价传统上由政府提供的公共产品和服务是否可运用政府和社会资本合作模式的评估体系，旨在实现公共资源配置利用效率最优化。

15. 产出说明

产出说明是指 PPP 项目建成后项目资产所应达到的经济、技术标准，以及公共产品和服务的交付范围、标准和绩效水平等。

16. 可行性缺口补助

可行性缺口补助（Viability Gap Funding）是指使用者付费不足以满足社会资本或项目公司成本回收和合理回报，而由政府以财政补贴、股本投入、优惠贷款和其他优惠政策的形式，给予社会资本或项目公司的经济补助。

17. 竞争变量

竞争变量是指社会资本方采购文件中设置的社会资本方在参与竞争性采购时需要提供的竞争性指标，一般为构成或影响项目合作期限的风险和收益的财务指标，例如：付费单价、特许经营期限和存量资产转让对价等。

18. 采购结果确认谈判

采购结果确认谈判是指由项目实施机构负责采购结果确认前的谈判和最终的采购结果确认工作。

19. 谈判备忘录

谈判备忘录是指项目实施机构与预中标、成交社会资本在采购结果确认谈判过程中针对谈判内容签署的谈判记录。

20. 项目移交

项目移交是指运营期届满，项目公司按照协议约定将项目设施、相关资产及资料单据等移交给政府方或其指定机构的行为。

1.5　社会资本方采购工作流程图

以下流程图简要描述了采购人和采购代理机构需要完成的采购工作的主要内容、时序以及常用的几种采购方式的差异（见图 1－1）。《指南》在相关章节对流程图中各阶段的采购工作进行了详细表述。

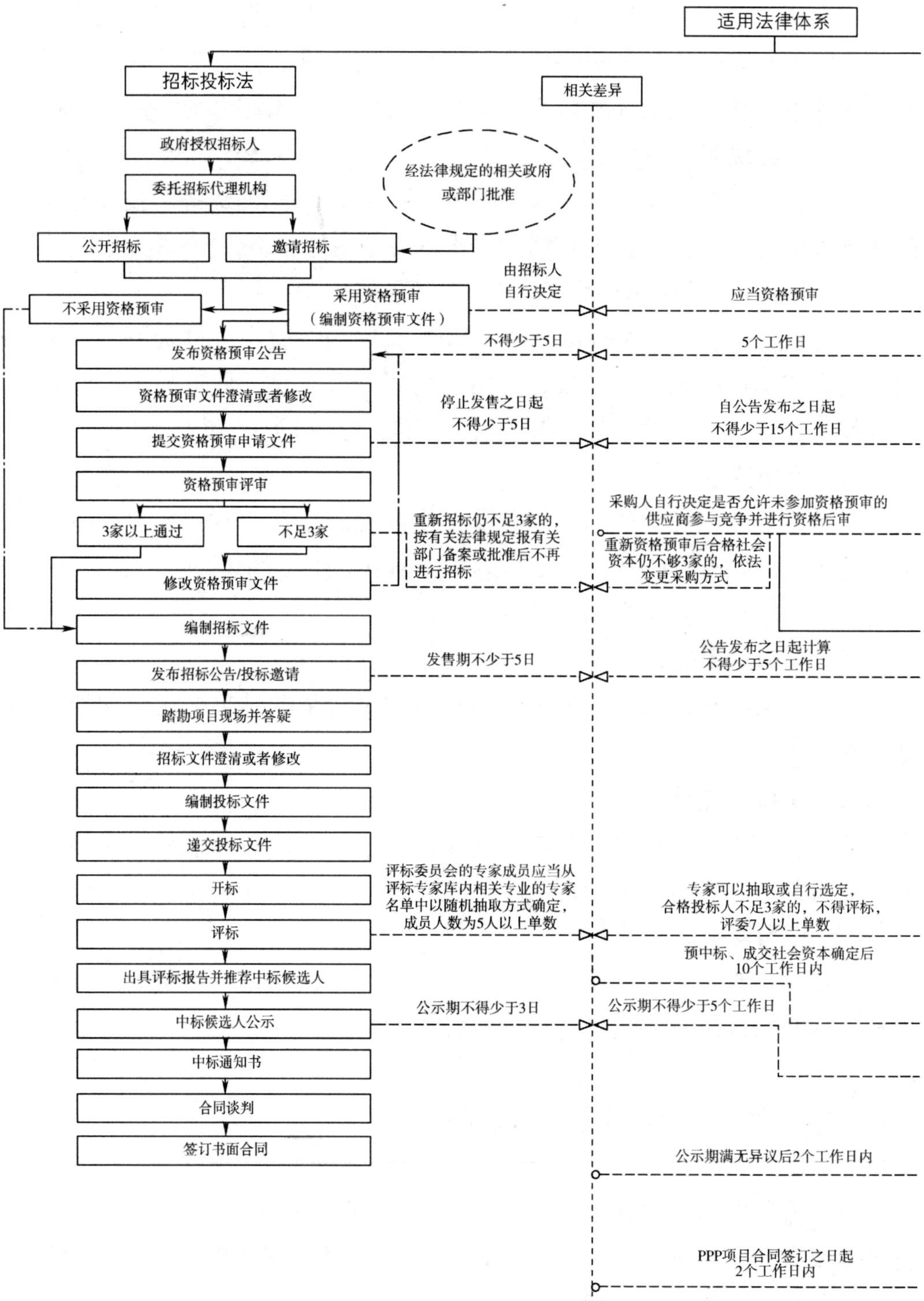

适用法律体系
招标投标法
相关差异
政府授权招标人
委托招标代理机构
经法律规定的相关政府或部门批准
公开招标
邀请招标
由招标人自行决定
不采用资格预审
采用资格预审（编制资格预审文件）
应当资格预审
发布资格预审公告
不得少于5日
5个工作日
资格预审文件澄清或者修改
停止发售之日起不得少于5日
自公告发布之日起不得少于15个工作日
提交资格预审申请文件
资格预审评审
采购人自行决定是否允许未参加资格预审的供应商参与竞争并进行资格后审
3家以上通过
不足3家
重新招标仍不足3家的，按有关法律规定报有关部门备案或批准后不再进行招标
重新资格预审后合格社会资本仍不够3家的，依法变更采购方式
修改资格预审文件
编制招标文件
发布招标公告/投标邀请
发售期不少于5日
公告发布之日起计算不得少于5个工作日
踏勘项目现场并答疑
招标文件澄清或者修改
编制投标文件
递交投标文件
开标
评标委员会的专家成员应当从评标专家库内相关专业的专家名单中以随机抽取方式确定，成员人数为5人以上单数
专家可以抽取或自行选定，合格投标人不足3家的，不得评标，评委7人以上单数
评标
预中标、成交社会资本确定后10个工作日内
出具评标报告并推荐中标候选人
中标候选人公示
公示期不得少于3日
公示期不得少于5个工作日
中标通知书
合同谈判
签订书面合同
公示期满无异议后2个工作日内
PPP项目合同签订之日起2个工作日内

图 1－1　社会资本方

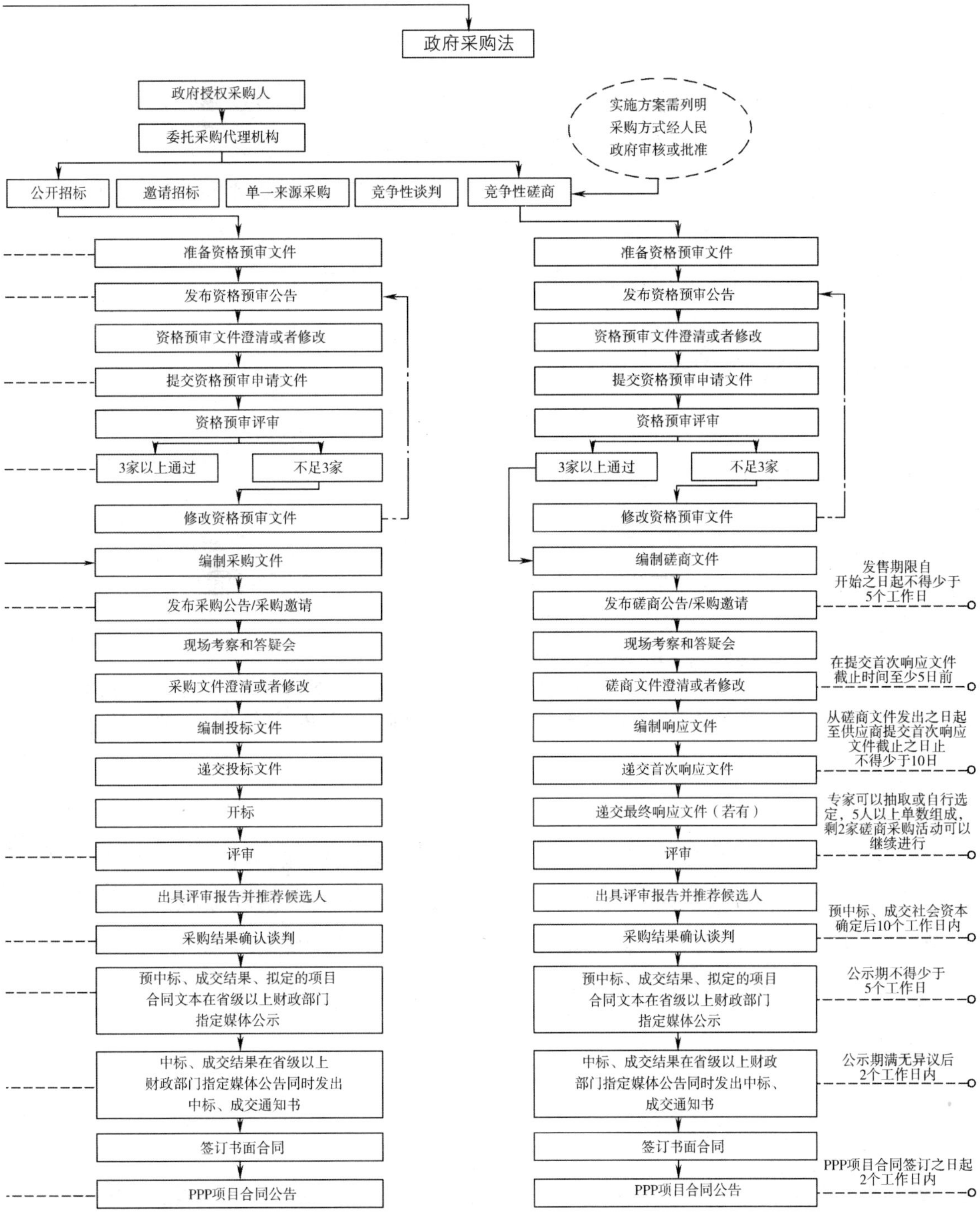
政府采购法
政府授权采购人
委托采购代理机构
实施方案需列明采购方式经人民政府审核或批准
公开招标
邀请招标
单一来源采购
竞争性谈判
竞争性磋商
准备资格预审文件
发布资格预审公告
资格预审文件澄清或者修改
提交资格预审申请文件
资格预审评审
3家以上通过
不足3家
修改资格预审文件
编制采购文件
发布采购公告/采购邀请
现场考察和答疑会
采购文件澄清或者修改
编制投标文件
递交投标文件
开标
评审
出具评审报告并推荐候选人
采购结果确认谈判
预中标、成交结果、拟定的项目合同文本在省级以上财政部门指定媒体公示
中标、成交结果在省级以上财政部门指定媒体公告同时发出中标、成交通知书
签订书面合同
PPP项目合同公告
准备资格预审文件
发布资格预审公告
资格预审文件澄清或者修改
提交资格预审申请文件
资格预审评审
3家以上通过
不足3家
修改资格预审文件
编制磋商文件
发布磋商公告/采购邀请
现场考察和答疑会
磋商文件澄清或者修改
编制响应文件
递交首次响应文件
递交最终响应文件（若有）
评审
出具评审报告并推荐候选人
采购结果确认谈判
预中标、成交结果、拟定的项目合同文本在省级以上财政部门指定媒体公示
中标、成交结果在省级以上财政部门指定媒体公告同时发出中标、成交通知书
签订书面合同
PPP项目合同公告
发售期限自开始之日起不得少于5个工作日
在提交首次响应文件截止时间至少5日前
从磋商文件发出之日起至供应商提交首次响应文件截止之日止不得少于10日
专家可以抽取或自行选定，5人以上单数组成，剩2家磋商采购活动可以继续进行
预中标、成交社会资本确定后10个工作日内
公示期不得少于5个工作日
公示期满无异议后2个工作日内
PPP项目合同签订之日起2个工作日内

采购工作流程图

2 社会资本方采购前的准备

PPP 项目在正式进入采购阶段后，采购人为保证采购工作的效率、避免合规性风险，应尽可能利用采购代理机构的专业知识和经验，对项目是否具备采购条件进行确认，制订详尽的采购方案，根据项目特点，对采购过程中可能出现的重点、难点进行深入的分析。本章主要介绍 PPP 项目进入项目采购阶段后、正式启动法定采购程序前应着重考虑的工作以及在策划采购方案时需关注的重点问题。

2.1 采购前需关注的相关事项

2.1.1 项目已完成立项

项目按照国家基本建设程序的要求，完成了投资建设的必要性和可行性研究且已按照相关规定通过了有关投资主管部门的批复或核准。

2.1.2 项目实施方案已经政府审批

项目采用 PPP 模式的实施方案已经县级以上人民政府书面审核同意或批复。

2.1.3 项目已按要求入库

项目实施机构已按要求将项目纳入国家发展改革委 PPP 项目库①、财政部 PPP 综合信息平台管理库②。如未及时纳入项目库，将影响投资、债务资金以及政府财政资金的落实，无法享受 PPP 相关优惠政策。实践中，因项目未纳入 PPP 项目库的原因，政府方将无法按照合同约定履行出资或支付义务；融资方无法提供项目贷款，最终导致项目不能按期实施或彻底失败。

---

① 国家发展改革委传统基础设施 PPP 项目库具体要求详见《传统基础设施领域政府和社会资本合作（PPP）项目库管理办法（试行)》。

② 财政部 PPP 综合信息平台具体要求详见《关于规范政府和社会资本合作（PPP）综合信息平台运行的通知》(财金〔2015〕166 号)、《关于规范政府和社会资本合作（PPP）综合信息平台项目管理库管理的通知》（财办金〔2017〕92 号）等相关规定。

2.2 采购代理机构的选择

由于社会资本方采购工作复杂，对从事采购工作的人员要求较高，采购人宜委托专业的采购代理机构（下称“代理机构”）实施采购活动。为保障PPP项目前期咨询与采购代理服务工作的有效衔接，提高采购质量和效率，如负责编制项目实施方案的咨询机构同时具备代理机构资格和能力，建议采购人优先委托该咨询机构继续承担采购代理服务①。

2.2.1 采购代理机构及其拟派服务人员资格及能力要求

1. 代理机构资格及能力要求

代理机构应该具有同类PPP项目的采购代理业绩以及与提供代理服务相适应的企业规模和组织管理能力。

按规定适用《政府采购法》进行采购的PPP项目，委托代理机构时，代理机构应符合《政府采购法》第二十二条的相关规定，且已按照政府采购代理机构的管理要求进行了网上登记。

2. 拟派项目服务团队人员资格及能力要求

拟派项目团队应该满足采购工作需求的专业配置，其中项目负责人宜考虑具有中级以上专业技术职称或具备同等专业水平、作为项目负责人承担过类似项目的采购代理服务，且具有较强的综合协调及沟通能力。

其他团队成员宜分别配置熟悉工程项目管理相关专业的人员，团队核心成员均应具有类似项目服务经验。

2.2.2 采购代理机构的选择

1. 选择方式

采购人根据项目特点、代理机构专业领域和综合信用评价结果等因素自主择优选择代理机构，任何单位和个人不得以摇号、抽签、遴选等方式干预采购人自行选择代理机构。除有关政府部门、国有企业等采购主体另有明确规定外，一般可采用直接委托、比选或主管部门批准的其他采购方式选择代理机构。

2. 主要评价因素

在选择采购代理机构时，评价因素主要包括采购代理工作总体思路、操作关键点

① 前期咨询加采购代理的集成式服务同样符合《国务院办公厅关于促进建筑业持续健康发展的意见》（国办发〔2017〕19号）的精神。

分析、服务团队构成、进度控制及保障措施、代理机构信誉、类似业绩和代理服务费等。

为鼓励专业化的代理机构提供优质服务，《指南》建议采用优质优价的采购原则，代理服务费评审因素权重一般不超过30%。对具有类似行业领域PPP项目全过程咨询服务（主要包括实施方案、物有所值评价、财政承受能力论证等内容）能力及经验的代理机构宜优先选择。

2.2.3 代理服务合同的注意事项

考虑到PPP项目社会资本方采购具有周期长、不确定因素多等特点，采购代理服务合同应尽量明确双方权利义务、服务范围、风险及违约责任等内容，保护合同双方权益。

1. 委托方主体

除政府方另有合法授权外，采购代理服务合同委托方原则上应与社会资本方采购的采购人一致。

2. 委托服务范围

代理服务合同中应明确具体服务内容、服务期限，对合同执行中超出服务内容和服务期限的情况应就具体补偿方式进行约定。

3. 权利和义务

委托人应提供项目采购所需的相关资料，代理机构应负责编制采购文件、组织社会资本方采购的实施、协助合同谈判等相关工作。

4. 合同价款及支付

采购代理服务合同应明确代理服务费金额或收费标准、支付方式及节点、投标保证金收取方式等内容。采购活动过程中有关费用的承担主体、代理服务费金额及支付节点等条款。如由第三方支付代理服务费用的，应在代理服务合同中明确并在采购文件中明示代理费用收取方式及标准。

5. 风险及违约

合同双方应充分考虑各种因素导致合同提前终止以及其他违约情形，在代理服务合同中尽量明确合同终止、违约责任的确定方式及补（赔）偿办法。比如，合同约定采购代理服务费由成交社会资本方或者项目公司向采购代理机构支付，应同时约定如遇合同终止或成交社会资本方拒绝支付等原因造成采购代理机构无法获得代理服务费，委托人应支付已完成工作的相关费用，或约定以成交方保证金的一定比例作为对已完成工作的补偿。

2.2.4 选择采购代理机构需要注意的问题

采购人宜择优选取专业能力强、信誉好的采购代理机构。采购代理机构采用竞争性方式时，应尽量避免采用设置不合理的条件限制及排斥本地区、本行业以外的代理机构参与竞争。实践中，部分采购人强制要求参加竞争的代理机构提供相关资质、业绩的原件，要求法定代表人到现场购买标书或参与评审全过程；要求代理机构在采购人所在地备案，限定代理机构在当地纳税的年度和金额、提供地方颁发的培训证书证明；以特定行政区域或者特定行业的业绩、奖项作为资格或加分条件等方式限制竞争，既无法保证采购服务质量和效率，也容易导致项目采购环节的法律责任隐患。

2.3 社会资本方的采购方式

2.3.1 法律法规体系的适用

在实施 PPP 项目社会资本方采购时，首先应根据社会资本方采购主体、采购内容、资金来源等属性界定适用的采购法律法规体系。

1. 适用政府采购法律法规体系的情形

PPP 项目社会资本方采购应根据采购主体、资金来源、采购内容等因素判断是否应适用政府采购法律法规体系。根据《政府采购法》《政府采购法实施条例》以及《关于在公共服务领域推广政府和社会资本合作模式的指导意见》（国办发〔2015〕42 号文）[①] 的规定，使用财政性资金作为社会资本方提供公共服务对价的 PPP 项目，社会资本方的采购适用政府采购法律法规体系。因此，PPP 项目采购主体为政府方或其授权单位，涉及使用财政性资金付费或提供可行性缺口补助、采购内容不包括《招标投标法》及《招标投标法实施条例》等相关法规明确的依法必须招标的内容的社会资本方采购应适用政府采购法律法规体系。

2. 适用招标投标法律法规体系的情形

社会资本方采购内容中包含了《招标投标法》及《招标投标法实施条例》等相关法规规定依法必须招标的工程及有关的货物和服务，在这种情况下，根据《招标投标

① 《关于在公共服务领域推广政府和社会资本合作模式的指导意见》（国办发〔2015〕42 号文）第十五条规定……对使用财政性资金作为社会资本提供公共服务对价的项目，地方政府应当根据《预算法》《合同法》《政府采购法》及其实施条例等法律法规规定，选择项目合作伙伴……

法》《招标投标法实施条例》《政府采购法》① 《政府采购法实施条例》② 《基础设施和公用事业特许经营管理办法》③ 的规定，原则上应该适用招标投标法律法规体系。

另外，根据《招标投标法实施条例》和《国家发展改革委关于印发〈传统基础设施领域实施政府和社会资本合作项目工作导则〉的通知》（发改投资〔2016〕2231号）的规定，其中，拟由社会资本方自行承担工程项目勘察、设计、施工、监理以及与工程建设有关的重要设备、材料等采购的，必须按照《招标投标法》的规定，通过招标方式选择社会资本方。

不纳入政府采购范围的社会资本方采购项目，采用招标方式采购的，应按照《招标投标法》第二条规定，适用招标投标法律法规体系。

3. 适用其他法律、法规采购的情形

如果PPP项目使用了国际组织或者外国政府贷款、援助资金、贷款方或资金提供方对社会资本方采购的具体条件和程序有不同规定的，依法可以适用其规定。

对于涉及土地转让、国有存量资产转让等合作内容的PPP项目，除需适用招标投标法律法规体系或政府采购法律法规体系的相关规定外，还要符合国家关于土地及国有资产转让相关法律、法规及部门规章的有关规定。

社会资本方采购适用法律依据见表2－1。

表2－1　社会资本方采购适用法律依据

序号	适用法律法规体系	采购方式	采购程序主要依据
1	招标投标法律法规体系	公开招标	《招标投标法》 《招标投标法实施条例》 《基础设施和公用事业特许经营管理办法》（发改委、财政部、住建部、交通运输部、水利部、中国人民银行令第25号）

① 《政府采购法》第四条规定“政府采购工程进行招标投标的，适用招标投标法”。

② 《政府采购法实施条例》的第七条关于建设工程及有关的货物及服务的定义：“政府采购工程以及与工程建设有关的货物、服务，采用招标方式采购的，适用《中华人民共和国招标投标法》及其实施条例；采用其他方式采购的，适用政府采购法及本条例。前款所称工程，是指建设工程，包括建筑物和构筑物的新建、改建、扩建及其相关的装修、拆除、修缮等；所称与工程建设有关的货物，是指构成工程不可分割的组成部分，且为实现工程基本功能所必需的设备、材料等；所称与工程建设有关的服务，是指为完成工程所需的勘察、设计、监理等服务。政府采购工程以及与工程建设有关的货物、服务，应当执行政府采购政策。”

③ 《基础设施和公用事业特许经营管理办法》第十五条规定……特许经营项目建设运营标准和监管要求明确、有关领域市场竞争比较充分的，应当通过招标方式选择特许经营者。

续表 2－1

<table>
<tr><th>序号</th><th>适用法律
法规体系</th><th>采购方式</th><th colspan="2">采购程序主要依据</th></tr>
<tr><td>1</td><td>招标投标
法律法规体系</td><td>邀请招标</td><td colspan="2">《国家发展改革委关于切实做好传统基础设施领域政府和社会资本合作有关工作的通知》（发改投资〔2016〕1744 号）
国家发展改革委关于印发《传统基础设施领域实施政府和社会资本合作项目工作导则》的通知（发改投资〔2016〕2231 号）</td></tr>
<tr><td rowspan="5">2</td><td rowspan="5">政府采购
法律法规体系</td><td>公开招标</td><td rowspan="5">《政府采购法》
《政府采购法实施条例》
《基础设施和公用事业特许经营管理办法》（发改委、财政部、住建部、交通运输部、水利部、中国人民银行令第 25 号）
财政部关于印发《政府和社会资本合作项目政府采购管理办法》的通知（财库〔2014〕215 号）</td><td rowspan="2">《政府采购货物和服务招标投标管理办法》（财政部令第 87 号）</td></tr>
<tr><td>邀请招标</td></tr>
<tr><td>竞争性磋商</td><td>财政部关于印发《政府采购竞争性磋商采购方式管理暂行办法》的通知（财库〔2014〕214 号）
财政部《关于政府采购竞争性磋商采购方式管理暂行办法有关问题的补充通知》（财库〔2015〕124 号）</td></tr>
<tr><td>竞争性谈判</td><td rowspan="2">《政府采购非招标采购方式管理办法》（财政部令第 74 号）</td></tr>
<tr><td>单一来源采购</td></tr>
</table>

2.3.2 采购方式的选择

采购方式的选择既要符合采购相关法律法规的规定，也要综合考虑项目的实际特点、竞争环境及透明度等客观条件，科学合理地选择采购方式，以实现 PPP 项目社会资本方采购的合法性、竞争性和公平性的要求。

依据《招标投标法》《政府采购法》及相关法律、法规和部门规章的规定，选择社会资本方的采购方式包括公开招标、邀请招标、竞争性谈判、竞争性磋商、单一来源采购以及国务院采购监督管理部门认定的其他采购方式。采购方式通常在项目实施方案中已确定，如需对采购方式做出调整，采购人应报请相关采购主管部门批准。

下面分别简要说明各种采购方式的使用条件、主要特点及选用时需要考虑的主要因素。

1. 公开招标

公开招标适用于市场成熟、竞争充分、边界条件清晰、有较多潜在社会资本方的 PPP 项目。

公开招标方式透明度高、竞争最为充分，宜作为优先考虑的采购方式。

能源、交通运输、水利、环境保护、市政工程等特定领域需要实施特许经营的 PPP 项目，在项目建设运营标准和监管要求明确、市场竞争比较充分的情况下，应采用公开招标方式选择特许经营方。

2. 邀请招标

满足《招标投标法》第十一条、《招标投标法实施条例》第八条①和满足《政府采购法》第二十九条②规定的项目，可以采取邀请招标方式。

邀请招标针对性更强，潜在投标人实力相近，如招标文件设置合理，在减少招标工作量和招标成本的同时，仍能达到理想的采购效果。但是邀请招标与公开招标相比，投标人数量相对较少，竞争开放度相对较弱。

3. 竞争性谈判

竞争性谈判是指采购人通过发布公告、从省级政府主管部门建立的供应商库中随机抽取或者采购人和评审专家分别书面推荐的方式邀请不少于3家符合相应资格条件的供应商参与竞争性谈判的采购活动。根据质量和服务均能满足采购文件实质性响应要求且最后报价由低到高的原则推荐成交供应商。

根据《政府采购法》第三十条规定，招标后没有供应商投标或者没有合格标的或者重新招标未能成立的；技术复杂或者性质特殊，不能确定详细规格或者具体要求的；采用招标所需时间不能满足用户紧急需要的；不能事先计算出价格总额的，经采购主管部门批准，可以采用竞争性谈判方式采购。

竞争性谈判可以缩短采购周期，简化采购程序，减少采购成本，采购人和响应人能够在采购过程中对采购内容做出补充和修改。但竞争性谈判以价格为决定性因素，无法综合考量社会资本方投资、运营及管理能力，且最低报价成交可能导致市场恶性竞争或低于成本报价，最终导致公共服务的质量、效率的下降。

4. 竞争性磋商

竞争性磋商是指采购人、政府采购代理机构通过组建竞争性磋商小组（以下简称磋商小组）与符合条件的供应商就采购货物、工程和服务事宜进行磋商，供应商按照磋商文件的要求提交响应文件和报价，采购人从磋商小组评审后提出的候选供应商名单中确定成交供应商的采购方式。

《政府采购竞争性磋商采购方式管理暂行办法》第三条规定，符合下列情形之一的项目，可以采用竞争性磋商方式开展采购：政府购买服务项目；技术复杂或者性质特殊，不能确定详细规格或者具体要求的；因专利、专有技术或者服务的时间、数量事

---

① 国务院发展计划部门确定的国家重点项目和省、自治区、直辖市人民政府确定的地方重点项目不适宜公开招标的，经国务院发展计划部门或者省、自治区、直辖市人民政府批准，可以进行邀请招标。

② 具有特殊性，只能从有限范围的供应商处采购的，或者采用公开招标方式的费用占政府采购项目总价值的比例过大的项目，经本级人民政府财政部门批准，可以采用邀请招标方式采购。

先不能确定等原因不能事先计算出价格总额的；市场竞争不充分的科研项目，以及需要扶持的科技成果转化项目；按照《招标投标法》及其实施条例必须进行招标的工程建设项目以外的工程建设项目。

相较于竞争性谈判而言，竞争性磋商方式不以最后报价高低作为成交原则，而是按可量化指标进行评审，以综合得分高低确定成交社会资本方的推荐排序。如果项目策划和需求需要进一步优化，项目需要在较短时间内完成采购活动，且项目无法准确提出边界条件及PPP项目合同条款，则适合采用竞争性磋商方式进行采购，采购人可在磋商过程中进一步优化需求和合同条款，通过磋商过程还可以更加完整地考察社会资本方的综合实力和信誉。

但在竞争性磋商过程中，如竞争性磋商不能明确不可磋商的实质性内容或在磋商过程中随意扩大磋商内容，则有可能导致采购双方当事人不断产生新的分歧，大大拖延采购进程，甚至导致采购失败。

5. 单一来源采购

单一来源采购是指采购人进行采购时，只有唯一的潜在供应商满足项目要求，不得不与该唯一供应商合作的采购方式。《政府采购法》第三十一条规定，符合下列情形之一的，可以采用单一来源方式采购：只能从唯一供应商处采购的；发生了不可预见的紧急情况不能从其他供应商处采购的；必须保证原有采购项目一致性或者服务配套的要求，需要继续从原供应商处添购，且添购资金总额不超过原合同采购金额百分之十的。

单一来源采购特点是节约采购时间，提高采购效率，但其不具备竞争性、缺乏透明度，与国家相关文件中要求的以竞争性方式选择社会资本方的精神不符，不宜直接作为PPP项目的采购方式。根据项目需求必须采用单一来源采购方式的，应符合法定条件并严格履行相关批准程序。

2.3.3 选择采购方式的注意事项

通常情况下，采购人可根据法律规定和项目自身特点决定采用上述其中一种采购方式，但相关行业主管部门已经对项目采购方式做出限定，则应该依照其规定的采购方式进行社会资本方采购。例如，《经营性公路建设项目投资人招标投标管理规定》（交通运输部令2015年第13号）第九条规定：“经营性公路建设项目投资人招标应当采用公开招标方式”；《政府和社会资本合作建设重大水利工程操作指南（试行）》的通知（发改农经〔2017〕2119号）第十七条规定：“其中，拟由社会资本方自行承担工程项目勘察、设计、施工、监理以及与工程建设有关的重要设备、材料等采购的，按照《中华人民共和国招标投标法》规定，必须通过招标的方式选择社会资本方。”

2.3.4 两阶段招标

1. 两阶段招标的概念及适用

两阶段招标是招标方式的一种具体组织形式。《招标投标法实施条例》第三十条规定：“对技术复杂或者无法精确拟定技术规格的项目，招标人可以分两阶段进行招标。第一阶段，投标人按照招标公告或者投标邀请书的要求提交不带报价的技术建议，招标人根据投标人提交的技术建议确定技术标准和要求编制招标文件。第二阶段，招标人向在第一阶段提交技术建议的投标人提供招标文件，投标人按照招标文件的要求提交包括最终技术方案和投标报价的投标文件。”

通过两阶段招标，招标人可以借助潜在投标人提出的技术方案或相关参数形成最终的招标需求、编制招标文件，并按照招标文件的要求开展招标投标活动。

两阶段招标适用于政府方拟采用 PPP 模式实施但无法完全确定项目产出及绩效考核标准或可能存在多种工艺和技术方案，无法在采购文件中明确约定采购需求的项目，如：大型片区开发项目或特色小镇项目，也适用于建设运营对项目技术要求依赖度高或技术和运营管理方案对项目影响极大的项目。

2. 两阶段招标具体实施流程

两阶段招标可分为征求技术建议阶段和投标报价两个阶段实施。

第一阶段：征求技术建议阶段。

招标人依法发布招标公告或者投标邀请书，并向潜在投标人发出 PPP 项目技术方案建议征集需求书，要求投标人递交相关核心边界条件或技术方案建议。招标人组织相关专家对投标人提交的相关建议方案进行评审和论证，采纳各投标人合理建议方案的基础上，最终优化完善并确定 PPP 实施方案或技术方案。本阶段招标并不对投标人的建议进行排序，也不影响最终的中标结果。需要注意的是，采购人应在采购文件中就知识产权问题做出相关规定，使政府方依法获得相关知识产权的使用权或所有权，同时招标人可考虑对投标人递交的方案建议给予一定经济补偿。

第二阶段：投标报价阶段。

招标人根据第一阶段确定的 PPP 实施方案或技术方案编制招标文件，向第一阶段提交技术建议书的投标人提供招标文件。投标人按照招标文件的要求提交包括最终技术方案和投标报价的投标文件，同时递交投标保证金。招标人依法开展评标工作，确定中标人。

3. 两阶段招标的意义

总体来说，通过第一阶段招标过程，招标人可以同社会资本方就采购需求及合同草案进行一定的沟通、优化，能够确定更为详细、精准的产出说明和技术经济边界条件，进一步提高项目的准确性、科学性，能更有效地发挥社会资本方在技术、管理经验以及成本控制方面的竞争优势，确保PPP项目的招标成功率和合同执行过程的顺利。此外，两阶段招标在充分体现招标方式的公开、公平性以及程序严谨性特点的同时，又具有灵活性，一定程度上弥补了传统招标方式对于社会资本方采购项目程序上的局限性。

由于两阶段招标程序相对复杂、实施周期较长，使得项目交易成本提高。因此，在使用时应有较强的针对性。

2.3.5 社会资本方依法可直接承包工程建设项目的情形

1. 符合招标投标法律法规的情形

社会资本方依据《招标投标法》及《招标投标法实施条例》的规定通过招标方式选择，且具备自行承担PPP合作范围内的工程建设项目勘察、设计、施工、监理以及提供与工程建设有关的重要设备、材料的能力。

2. 采购内容包含工程建设及相关货物和服务

由于加快实施进度、确定并控制项目总投资、控制工程建设质量等原因，可将同一项目的社会资本方与工程建设及相关货物和服务（通常包括工程总承包、工程施工及相关设备材料）合并为一个标的物进行采购。

（1）优点：

1）加快了项目的实施进度。

由于社会资本方采购的同时完成了主要工程及相关货物和服务的招标，在PPP项目合同签订并生效后可立即开展工程建设项目的设计、施工或主要货物的制造等工作。若不采用上述两种采购模式，则通常需要签订项目合同并生效后由社会资本方组建项目公司，项目公司再进行设计招标工作，待设计成果文件经政府方确认后再进行施工的招标工作，项目的实际开工通常要在项目合同签订并生效数月后才开始启动，加之采用PPP模式较传统政府投资模式增加的时间，一定程度上影响了公共服务供给实现的时限。

2）确定项目的建设成本并有效进行造价控制。

部分PPP项目的合作范围主要包含工程的建设及其有关货物和服务的提供，直接引入工程及有关货物和服务的竞争，可以通过透明的采购过程优选工程建设主要承包商、供应商，更清晰地分析、确定建设的成本构成，增强采购人的谈判能力和筹码。而仅通过施工下浮率、投资回报率等指标综合计算政府方付费的项目，单一竞争变量难以分析社会资本方的实际成本，不利于在采购和谈判阶段与社会资本方进行价格谈判。

另外，通过对施工、主要货物或服务的直接竞价，政府方能够在项目开工前基本确定项目总建设成本，并以此作为工程结算或竣工决算的控制目标，全过程实施投资及工程造价控制，有效地控制全生命周期的政府方付费总成本。

3）增强对社会资本方的吸引力。

实践中，施工、设计及主要货物材料提供商鉴于在工程建设阶段能够通过专业化能力取得相应的回报，因此，积极参与 PPP 项目的投资、建设、运营等活动，充分的市场竞争为公众获得高质低价的公共服务提供了保障。

（2）缺点：

由于采购内容中包含工程以及与工程建设有关的货物、服务，往往根据标的物的特点在资格条件中设定社会资本方需具备相应的施工、设计及相关资质，没有相关资质但具备专业投资、运营管理能力的社会资本方只能和具备相应资质且数量有限的单位组成联合体，这种情况可能导致联合体合作成本增加，最终对物有所值目标的实现带来不利的影响。

部分项目由于在社会资本方选择时设计深度达不到施工要求，无法合理测算项目竣工决算后的付费金额和运营成本，导致难以选择有效的竞争变量促进社会资本方自觉控制合同执行中的实际成本和风险，起到激励相容、利益共享的机制推动作用，有可能引发合同执行中的争议和履约风险，进而导致项目终止。这类项目不宜采用此种采购模式。

（3）注意事项：

由于采购内容包含工程及有关的货物及服务，应适用招标投标法律法规体系，社会资本方采购属于政府采购范围的，还应注意执行政府采购政策。

《政府和社会资本合作（PPP）项目社会资本方遴选工作指南》编制委员会

编制委员会主任： 任　珑

编制委员会副主任： 贾建华　袁炳玉

编制委员会委员（按姓氏笔画排序）：

王　钊　刘云山　孙卫东　吴　强　邹德欣

张朝阳　荆贵锁　高会晋　蒋玉红　熊　伟

编写组组长： 荆贵锁　王　胜　高　轩

编写组成员（按姓氏笔画排序）：

于道德　王　勇　王　浩　王海涛　田玉娜

刘　捷　孙　焱　杨晓敏　杨雪光　杨　薇

李长军　李　炼　李晓辉　李智仙　李　强

李　媛　宋文远　张永光　张柳阳　张海飞

张海平　陈大雷　陈芳芳　奇　峰　周建毅

晏积慧　翁晓波　高存红　黄　妍　梁春贵

彭云辉　童再军

序

党的十八大以来，随着我国经济体制和行政管理体制改革的不断深化，基础设施建设投资模式和公共服务供给模式也发生了变化，政府和社会资本合作模式（以下简称“PPP”）正逐步为各级政府、各类社会资本方以及金融机构所熟识和认可，并被越来越多地运用于基础设施建设和公共服务供给项目。

党的十九大报告提出“深化投融资体制改革，发挥投资对优化供给结构的关键性作用”。PPP是政府与社会携手开展基础设施建设、提供公共服务的治理创新，有利于推进供给侧结构性改革、创新投融资机制，是对党的十九大报告精神的认真贯彻和具体落实。

由于涉及公共利益，PPP项目原则上均应采用公开招标等法定竞争性方式对社会资本方进行遴选；同时，作为PPP项目实施过程中承上启下的重要环节，社会资本方遴选具有涉及主体多、复合标的物、竞争变量多样、合同体系复杂等特点，与传统的工程、货物及服务采购相比，难度更大、专业性要求更高。考虑到国家尚未颁布相关上位法加以规范，实践中社会资本方遴选工作往往在方案策划、法律法规适用以及执行程序等问题上面临各种困惑，增加了遴选周期、成本和后续工作的不确定性。基于这些情况，为了积极推动PPP模式健康和可持续发展，充分发挥行业协会为会员单位服务和指导的作用，中国招标投标协会委托在国内最早开展PPP咨询的机构之一并成功做成上千个项目的国信招标集团股份有限公司牵头，同时邀请部分单位和业内专家组成编委会，编制完成了《政府和社会资本合作（PPP）项目社会资本方遴选工作指南》（以下简称《指南》）。

《指南》以问题为导向，从有利于实现社会资本方遴选的角度出发，对一些业界普遍关注、实践中争议较大的具体问题提出了一些操作思路和建议。希望《指南》的出版能够对有意了解和研究此类问题的使用者有所裨益，也能够对社会资本方遴选活动相关主体在具体项目的实际操作中提供有价值的参考和借鉴。囿于时间和能力，《指南》编写过程中可能会存在纰漏，希望通过大家的实践不断发现问题并及时对《指南》进行修改、补充和完善，使之更好地为PPP事业的发展持续发挥积极作用。

最后，我谨代表中国招标投标协会对国信招标集团股份有限公司及所有参与《指南》编写的单位、专家、工作人员表示诚挚的感谢！

二〇一八年五月

3 采购文件的编制

参与采购活动的当事人除了必须遵守国家有关采购的法律、法规、规章和规范外，还必须遵守采购文件的要求。采购人通过采购文件制定的规则，参与采购活动的各方当事人均必须遵守（除非采购文件的要求与法律规定发生冲突），采购文件编制的质量与采购活动实施的过程与结果具有直接关系，采购人必须高度重视。

本章内容以公开招标方式为例，对采购文件编制的依据、采购文件编制所需要的相关资料、采购文件的组成、采购文件中项目边界条件、竞争变量的设定、评标办法的制定及编制采购文件需要注意的问题给出指导或建议。

3.1 采购文件编制依据

社会资本方采购文件应当依据法律规定，依据批复的PPP项目实施方案，并结合项目特点和需求编制。

3.1.1 采购文件编制所需要的相关资料

新建项目所需资料一般包括项目实施方案、物有所值评价报告、财政承受能力论证报告等，项目的各类批复文件、项目建议书、项目可行性研究报告等前期论证文件。存量项目所需资料还包括项目全部历史资料、项目产出说明以及第三方出具的资产评估报告等。

3.1.2 采购文件主要内容与项目实施方案一致性

采购文件中以下内容需与批复的实施方案以及物有所值评价报告和财政承受能力论证报告的内容、原则保持一致：

（1）项目名称、合作内容。

（2）项目的采购人。

（3）项目边界条件。项目实施方案中已经明确的条件，如项目运作方式、交易结构、风险分担、绩效考核、退出机制等。

（4）项目合同主要内容。

（5）社会资本方的资格条件要求。实施方案中明确列明资格条件的，应当按照批准的实施方案执行；实施方案中未明确列明的，在采购文件中依据实施方案确定的原则设置。

（6）采购方式、资格审查方式和方法。

（7）评审办法。实施方案中已明确列明的评审标准，应当按照实施方案执行；实施方案中未列明或未明确的，在设置评审标准时应依据实施方案确定的原则并结合项目的特点和需求设置。

（8）履约担保措施。

3.2 资格预审文件和采购文件的构成

3.2.1 资格预审文件的构成

资格预审文件主要包含以下内容：

（1）资格预审公告。资格预审公告内容应包括：项目名称、项目编号、项目授权主体、项目实施机构、项目概况及采购需求、采购预算、社会资本方资格条件、购买资格预审文件的时间及地点、是否允许联合体参与采购活动、是否限定参与竞争的合格社会资本的数量及限定的方法和标准，以及社会资本提交资格预审申请文件的时间和地点、公告发布网址、采购人和采购代理机构的联系方式等。

（2）申请人须知。申请人须知是对资格预审的程序性规定，内容包括：申请人须知前附表，总则，资格预审文件的组成、澄清或者修改，资格预审申请文件的编制要求，资格预审申请文件的递交，资格预审申请文件的补充、修改与撤回，资格预审申请文件的审查，以及需要补充的其他内容。

（3）资格审查办法。资格预审文件中应当明确采取合格制或有限数量制的方法，内容包括：审查准备，初步审查，详细审查，澄清、说明或补正，推荐通过资格预审申请人，编制及提交评审报告。

（4）项目概况及采购需求。包括 PPP 项目实施方案的核心内容，如项目基本情况、主要权利义务、项目运作方式、交易结构、风险分担等实质性内容。应当将项目边界条件在资格预审文件中向潜在社会资本方充分披露，以测试市场反应，验证项目的可行性，进而达到开展资格预审实现充分竞争的目的。

（5）资格预审申请文件格式。

3.2.2 采购文件的构成

采购文件的主要内容应当包括采购邀请，响应人须知（包括密封、签署、盖章要求等），响应人应当提供的资格，资信及业绩证明文件，政府对项目实施机构的授权、项目实施方案的批复，项目相关审批文件，采购程序，响应文件编制要求，提交响应文件截止时间、开启时间及地点，保证金交纳数额和形式，评审方法和评审标准，政府采购政策要求，PPP项目合同草案及其他法律文本，采购结果确认谈判中项目合同可变的细节，是否允许未参加资格预审的供应商参与竞争并进行资格后审和接收质疑函的方式、联系部门、联系电话和通信地址等信息等内容。项目采购文件中还应当明确项目合同报请本级人民政府审核同意是项目合同生效的必要条件。

采用竞争性谈判或竞争性磋商采购方式的，项目采购文件除上述规定的内容外，还需明确谈判过程中可实质性变动的内容。

表3－1以采用公开招标方式的招标文件为例，说明采购文件应包含的主要内容。采用其他采购方式的采购文件内容，可参照编制。

表3－1 采购文件主要内容

第一章 招标公告（投标邀请书） 1. 招标条件 2. 项目概况与招标内容 3. 预算金额（设定最高限价的，还应当公开最高限价） 4. 合格投标人资格条件 5. 获取招标文件的时间期限、地点、方式及招标文件售价 6. 投标截止时间及开标时间、地点 7. 政府采购政策 8. 采购项目联系人姓名和电话 9. 其他（如是否允许未参加资格预审的投标人参与竞争） **第二章 投标人须知** 一、定义和前附表 1. 定义和解释 2. 投标人须知前附表 二、总 则 3. 招标依据 4. 招标目的 5. 招标形式 6. 招标内容及项目介绍 7. 招标原则 8. 招标程序 三、合格的投标人 9. 合格投标人的基本要求 10. 合格投标人的变化	四、投标文件的编制 11. 投标文件的符合性 12. 投标文件构成 13. 投标函 14. 授权委托书 15. 投标人法定代表人身份证明 16. 资格审查资料 17. 对招标边界条件的应答 18. 投标报价 19. 技术方案 20. 财务方案 21. 法律方案 22. 投标保证金 23. 投标文件内容的真实性 24. 投标的语言 25. 投标文件的有效期 26. 投标文件的装订、份数和签署 27. 投标文件的修改 28. 投标文件的密封和标记 五、投标文件的递交 29. 投标截止时间 30. 投标文件的退回和退还 31. 投标文件的撤回 六、澄清和修改 32. 招标文件的澄清和修改 七、现场考察和采购前答疑会 33. 现场考察

续表 3－1

34. 采购前答疑会 八、开标及投标文件的评审 35. 开标 36. 评标委员会 37. 评审程序 38. 投标人的资格审查 39. 投标文件的澄清和答疑 40. 推荐中标候选人 41. 重新招标和继续评审 42. 评审过程的保密性和时效性 九、采购结果确认谈判及预中标结果公示 43. 采购结果确认谈判的程序及内容 44. 预中标结果公示 十、中标结果公告及中标通知书 45. 中标结果公告 46. 中标通知书 十一、PPP 项目合同审核及签署 47. PPP 项目合同审核 48. PPP 项目合同的签署 49. 履约担保 十二、其他事项 50. 信息公开 51. 责任免除 52. 投标费用 53. 招标文件附件的退还 54. 招标文件的解释 55. 质疑和投诉	**第三章　采购需求及条件** 一、项目概况 二、采购需求 三、招标边界条件 四、实质性响应内容 **第四章　评标办法** 一、评标方法 二、评审标准及细则（含政策加分及计算方法） 三、评审程序 **第五章　项目合同草案** **第六章　投标文件格式** 一、投标函 二、投标一览表 三、法定代表人资格证明书 四、授权委托书 五、投标文件资格审查资料 六、对招标边界条件的应答 七、联合体协议书（联合体适用） 八、投标保证金 九、法律文件条款偏差表 十、其他需要投标人提供的内容 **附件：** 一、政府对项目实施机构的授权 二、实施方案的批复和项目相关审批文件 三、项目前期资料 四、其他文件

3.2.3　对响应文件的内容要求

采购文件中应对响应文件的构成和内容提出明确要求，响应文件的主要内容一般包括：资格审查资料、报价文件、技术方案、财务方案、法律方案及其他评审需要的资料等。

1. 技术方案

投标人编制的项目技术方案包括对技术方案的合理化建议、建设管理方案、运营维护方案和移交方案等子方案，内容应全面详尽，并满足技术方案评审的要求。投标人应遵循国家、行业和地方有关技术标准、技术规范规定，并满足及优化项目功能所需的技术规范和要求等。

（1）合理化建议。投标人可依据本项目的相关资料对技术方案提出合理的优化建议等。

（2）建设管理方案。一般需对设计、设备采购、施工建设、调试、试运行、竣工验收等阶段的工作内容、实施方案、管理计划进行详细描述等。

（3）运营维护方案。一般由运营和维护制度及保障措施组成。投标人应明确负责设施运营、管理、安全和维护的任务和责任，详细描述运营组织机构与人员组成；为使运营达到有关绩效标准、安全标准、环境标准的保障措施和制度；财务制度、运营成本分析及资金保障计划；运营报告、财务报告、环境监测报告等报告编制制度；应急处置方案；绩效目标实现的保障措施等。

（4）项目合作期满的移交方案。投标人应明确项目合作期结束后，向政府方移交的资产内容及完好程度，恢复性大修的时间、范围和方式，移交验收程序等。

2. 财务方案

财务方案应包括投融资方案和财务评价。

（1）融资方案。明确项目自有资金与债务资金的比例，说明自有资金和债务资金的筹措方案、融资交割方案及保障措施；特别是融资渠道的落实和融资风险的控制措施等。

（2）财务评价。财务评价的内容包括营业收入估算、成本费用估算、财务评价报表和评价指标等。

3. 法律方案

法律方案主要包括投标人对招标文件中的 PPP 项目合同的响应情况。在招标文件规定需要组建项目公司的，还应包括投标人项目公司章程主要内容的介绍等。

3.3 采购边界条件和实质性响应内容

3.3.1 采购边界条件

采购边界条件一般包括以下内容：

（1）项目主要产出及技术经济指标。

（2）PPP 项目运作方式。

（3）PPP 项目合作范围、内容及期限。

（4）投融资结构。

（5）项目公司组建要求。

（6）前期工作开展及费用承担。

（7）项目用地的土地使用权。

（8）项目资产权属。

（9）风险分配。

（10）政府承诺及配套安排。

（11）投资回报及付费机制。

（12）定价机制和价格调整机制。

（13）绩效评价及考核标准。

（14）履约保障条款。

（15）项目的移交。

3.3.2 实质性响应内容

根据法律规定，实质性内容一般包括采购标的物、价款、质量、履行期限等内容。对于 PPP 项目而言，合同主要权利义务涉及采购标的；回报机制、竞争变量、交易结构、定价及调价机制等影响报价；建设标准、运营维护标准及产出说明是影响质量的内容；项目合作期限、建设及运营期限要求即涉及履行期限又影响投标报价。上述内容一般在采购文件中应确定为不允许偏离以及不可谈判的实质性内容，这些内容应在采购文件中以醒目的方式标注。

采用招标方式的社会资本方采购，投标人对招标文件中的实质性内容必须完全响应，对实质性内容的偏离属于重大偏离，其投标文件将被否决。投标人在法律文件条款偏差表中提出的偏差如果构成重大偏离，应予否决。

采用竞争性磋商方式的社会资本方采购，可在采购文件中规定，评审小组可以根据评审情况变更采购文件中的实质性内容，但应取得采购人及政府方的同意，涉及项目实施方案重大调整的，应重新进行物有所值评价和财政承受能力论证。

3.4 社会资本方资格条件

3.4.1 法律的一般性规定

社会资本方资格条件的设定首先应当遵循《招标投标法》和《政府采购法》的一般性规定，如：《招标投标法》第十八条①的规定和《政府采购法》第二十

① 《招标投标法》第十八条 招标人可以根据招标项目本身的要求，在招标公告或者投标邀请书中，要求潜在投标人提供有关资质证明文件和业绩情况，并对潜在投标人进行资格审查；国家对投标人的资格条件有规定的，依照其规定。

招标人不得以不合理的条件限制或者排斥潜在投标人，不得对潜在投标人实行歧视待遇

二条①的规定。

法律的一般性规定是对资格条件设定的最基本要求，必须遵守。

3.4.2 资格条件的特别规定

由于社会资本方采购范围涉及内容较多，对社会资本方的资格条件要求相对复杂。如相关法律有特别规定，应遵照执行：

《基础设施和公用事业特许经营管理办法》（六部委第25号令）第十七条规定，实施机构应当公平择优选择具有相应管理经验、专业能力、融资实力以及信用状况良好的法人或者其他组织作为特许经营者。

《传统基础设施领域实施政府和社会资本合作项目工作导则》（发改投资〔2016〕2231号）第十三条规定，依法通过公开招标、邀请招标、两阶段招标、竞争性谈判等方式，公平择优选择具有相应投资能力、管理经验、专业水平、融资实力以及信用状况良好的社会资本方作为合作伙伴。

《政府和社会资本合作项目财政管理暂行办法》（财金〔2016〕92号）第十二条规定，项目实施机构应当根据项目特点和建设运营需求，综合考虑专业资质、技术能力、管理经验和财务实力等因素合理设置社会资本的资格条件，保证国有企业、民营企业、外资企业平等参与。

3.4.3 资格条件设定原则

除满足法律法规的规定外，由于社会资本方采购内容的复杂性、长期性和公共性，应选择具有相应投融资能力、管理经验、专业水平以及信用状况良好的社会资本方作为合作伙伴。

1. 采购人可根据项目实际需求设定不同的资格条件

（1）企业实力及投融资能力。如要求社会资本方具有不超出项目实际需要的注册资本金、一定的资产规模、资产负债率低于一定的比例、具有银行存款证明或融资意

---

① 供应商参加政府采购活动应当具备下列条件：

- 具有独立承担民事责任的能力；
- 具有良好的商业信誉和健全的财务会计制度；
- 具有履行合同所必需的设备和专业技术能力；
- 有依法缴纳税收和社会保障资金的良好记录；
- 参加政府采购活动前三年内，在经营活动中没有重大违法记录；
- 法律、行政法规规定的其他条件。

采购人可以根据采购项目的特殊要求，规定供应商的特定条件，但不得以不合理的条件对供应商实行差别待遇或者歧视待遇。

向函等条件。

（2）运营管理能力和经验。如要求在近三年或近五年内签订不少于一定数量的类似PPP项目合同。

（3）专业能力。如要求社会资本方具备项目所需的专业领域技术人才及管理人才，并且还需具备相关职业能力证明及投资、运营管理业绩。

（4）信用状况。如要求社会资本方无重大违法失信记录、无社会资本方责任的重大合同违约情况、银行资信及信用机构评级需达到规定的等级等。

2. 采购人不应设定与项目投融资、建设、运营无关的资格条件

如采购人不应设定超过项目实际需要的注册资本金、资产规模、银行存款证明或融资意向函等条件。

3.4.4 设定资格条件应注意的问题

1. 单位负责人为同一人或者存在直接控股、管理关系的不同供应商，不得参加同一合同项下的采购活动，也不得加入不同联合体参加同一项目的采购竞争

根据《政府采购法实施条例》第十八条规定：单位负责人为同一人或者存在直接控股、管理关系的不同供应商加入不同联合体参加同一项目的采购竞争的情形，违反该条法律规定，相关的投标应无效。另外，为PPP项目提供整体设计、规范编制或者项目管理、监理、检测等服务供应商，不得以社会资本方的身份参加社会资本方采购的竞争。

2. 本级政府所属融资平台公司作为社会资本方参与采购竞争的条件

根据财政部《关于印发政府和社会资本合作模式操作指南（试行）的通知》（财金〔2014〕113号）第二条①，以及《关于在公共服务领域推广政府和社会资本合作模式的指导意见》（国办发42号）第十三条②的规定和精神，非本级政府所属融资平台公司可以作为社会资本；本级政府所属融资平台公司在达到国办发42号文件中相关要求后，可作为社会资本参与本级政府的PPP项目。

---

① 《关于印发政府和社会资本合作模式操作指南（试行）的通知》（财金〔2014〕113号）第二条规定："本指南所称社会资本是指已建立现代企业制度的境内外企业法人，但不包括本级政府所属融资平台公司及其他控股国有企业。"

② 《关于在公共服务领域推广政府和社会资本合作模式的指导意见》（国办发42号）第十三条规定："对已经建立现代企业制度、实现市场化运营的，在其承担的地方政府债务已纳入政府财政预算、得到妥善处置并明确公告今后不再承担地方政府举债融资职能的前提下，可作为社会资本参与当地政府和社会资本合作项目。"

3. 国有企业、民营企业、外资企业应平等参与竞争

根据国务院及相关投资主管部门的规定①，在参与 PPP 项目社会资本方采购时，应享受平等市场主体待遇。但在实践中，部分外商社会资本无法按照采购文件中要求的格式提供相应的资质、人员社保和业绩等证明文件。因此，在资格条件设置时应注意区别对待，避免造成对外商资本的歧视和限制。

需要注意的是，国家对外商投资诸如股权要求、高管要求以及准入行业等相关的限制性政策，相关要求可参见《外商投资产业指导目录（2017 年修订）》（国家发改委、商务部令第 4 号）等相关法律法规及政策性文件。

4. 对联合体资质的认定

以联合体形式参与社会资本方采购的，联合体各方应当签订联合体协议，明确约定联合体各方拟承担的工作和责任，并将联合体协议连同响应文件一并提交采购人。联合体被确认为成交方的，联合体各方应当共同与采购人签订合同，就成交项目向采购人承担连带责任。

鉴于 PPP 项目的特点，在联合体组建上鼓励“强强联合”，即由不同专业的社会资本方组成联合体，共同合理分担项目的可转移风险，从而实现项目的物有所值目标。联合体应具备承担 PPP 项目所需的相应资质和能力，即应具备满足采购文件规定的资格条件和能力。在联合体的资质认定上，可以约定同一专业分工由两个及以上单位共同承担的，按照就低不就高的原则确定联合体的资质；不同专业分工由不同单位分别承担的，按照各自的专业资质确定联合体的资质。

5. PPP 项目合同生效前联合体成员不允许发生改变

按照《招标投标法》第三十一条和《政府采购法》第二十四条的规定，联合体中标的，联合体各方应当共同与采购人（招标人）签订采购合同，就采购合同约定的事项对采购人（招标人）承担连带责任，该采购合同的主体是采购人及联合体全部成员。

因此，在提交了响应文件后、签订 PPP 项目合同前，联合体成员发生变更的，均改变了响应方主体，依据相关法律法规，其响应文件无效，如果联合体已被确认为成交方，联合体成员变更的法律后果是该联合体不能按照法律规定与采购人签订 PPP 项目合同且该联合体应当承担缔约过失责任。

PPP 项目合同签订后，除非另有约定，联合体成员也不能发生变更，否则因联合

---

① 《关于切实做好传统基础设施领域政府和社会资本合作有关工作的通知》（发改投资〔2016〕1744 号）中明确规定：“给予各类投资主体公平参与机会，鼓励和引导民营企业、外资企业参与 PPP 项目。招标选择社会资本方时，要合理设定投标资格和评标标准，消除隐性壁垒，确保一视同仁、公平竞争。探索在 PPP 项目中发展混合所有制，组建国有资本、民营资本、外商资本共同参与的项目公司，发挥各自优势，推动项目顺利实施。”

体成员变更给采购人造成损失的，应由联合体各方承担连带赔偿责任。

3.5 评审办法的设定

3.5.1 法律的一般性规定

《招标投标法》第四十一条①和《政府采购法实施条例》第三十四条②以及其他相关法律法规对评标办法有一般性规定，采购各方应当遵守。

PPP 项目服务需求较为复杂，合作期限长，投资规模大，服务质量直接影响公共利益，一般应采用综合评分法。实践中，为防止恶意低价竞争，可考虑在采购文件中规定，当响应人的报价低于采购预算金额或最高投标限价的一定比例时，可要求响应人对其报价是否低于成本价做出书面说明并提供相关证明材料，如应答人不能合理说明或者不能提供相关证明材料的，评审委员会可做出低于成本价的认定。

3.5.2 评审因素及权重的设定

PPP 项目的评审因素主要包括：响应报价、投标人综合实力、技术管理方案、财务方案和法律方案等。各因素评审时所占权重建议如下：

1. 响应报价

响应报价评审权重一般为 20%～30%。

报价评审通常采用低价优先法或均值偏离法。

（1）低价优先法。即满足采购文件要求且价格最低的响应报价为评审基准价，其相应报价得分为满分。其他响应人的报价得分统一按照下列公式计算：

报价得分 =（评标基准价/响应报价）×100

评审过程中，不应去掉有效响应报价中的最高报价和最低报价。

按政府采购政策进行报价调整的，以调整后的价格计算评审基准价和响应报价。

（2）均值偏离法。即各有效响应报价的平均值（算数、加权、方差等）×下浮系

---

① 《招标投标法》第四十一条规定：中标人的投标应当符合下列条件之一：（一）能够最大限度地满足招标文件中规定的各项综合评价标准；（二）能够满足招标文件的实质性要求，并且经评审的投标价格最低；但是投标价格低于成本的除外。

② 《政府采购法实施条例》第三十四条规定：政府采购招标评标办法分为最低评标价法和综合评分法。最低评标价法，是指投标文件满足招标文件全部实质性要求且投标报价最低的供应商为中标候选人的评标方法。综合评分法，是指投标文件满足招标文件全部实质性要求且按照评审因素的量化指标评审得分最高的供应商为中标候选人的评标方法。技术、服务等标准统一的货物和服务项目，应当采用最低评标价法。

数为评标基准价。响应报价为评审基准价时，得满分；响应报价高于或低于评审基准价时，按其偏离值相应减分。

2. 响应人实力和信誉

响应人实力和信誉的评审权重一般为10%～20%。

响应人实力和信誉评审因素包括财务状况、融资能力、技术实力、类似项目业绩、企业信誉等。

3. 技术管理方案

技术管理方案评审权重一般为20%～30%。

评审内容应与产出需求对应，涵盖PPP合作内容，如勘察、设计、施工、运营、移交等阶段。

技术管理方案的评审一般应对其包含的子方案，如设计方案、建设方案、运营方案和移交方案等分别设置评审权重。PPP模式的核心在于运营，采购人及采购代理机构需高度重视运营方案的评审，并适当提高运营方案的评审权重。

4. 财务方案

财务方案评审权重一般为10%～20%。

财务方案包括投资估算、融资方案和财务评价等，根据项目特点合理设置分数。

5. 法律方案

法律方案评审权重一般为5%～10%。

法律方案包括项目公司组建计划、对采购文件中PPP项目合同草案的响应程度、合理化建议和其他优惠条件等，可根据项目特点对这些内容分别设置合理的评审权重。

6. 根据项目特点设置评审因素权重

合理的评审办法及具体的评审标准及权重，最终取决于采购项目的实际特点和竞争环境及相应的采购策略。如项目主要可转移风险为技术管理部分，则适当加大技术管理方案的评审因素权重，鼓励技术管理能力强的社会资本方承担相应的风险，从而降低项目全寿命周期整体成本，也进一步激励社会资本方通过提高专业能力获取更多的合理收益。

如果通过资格预审的社会资本方均能满足完成本项目的基本要求且企业信誉、专业能力等方面相当，则价格因素可作为主要的竞争因素，适当加大报价权重或采用最低响应报价优先的原则。同时要注意防范低价成交后项目无法实施的风险，例如采用差价保函等方法。

在设置多个不同的价格竞争变量时，由于竞争变量权重设置不合理，可能会出现成交价格较低而政府为项目合作期的支出较高的不利结果。多个不同竞争变量设置时应注意权重的合理性和竞争性，既保证社会资本方充分竞争，又要考虑做到项目合作期的物有所值。

3.5.3 竞争变量的设定

1. 设定竞争变量

竞争变量是遴选社会资本的关键因素，竞争变量选取应基于实现公共服务产出，遵循激励相容原则，而不是单纯要求社会资本利益让渡和承担风险。在设定竞争变量时，建议考虑以下因素：

（1）采购人或代理机构编制采购文件时需充分理解 PPP 项目的风险分担和交易结构等内容，熟悉财务测算模型，找出可竞争的变量。

（2）采购文件中有关财务指标的设定，需要考虑 PPP 项目模式回报机制因素，如在完全政府付费情况下，为了合理降低政府支出，又要确保建设质量，不可能无限制地降低成本支出。

（3）竞争变量设定也要考虑各个指标在项目收益计算过程中的性质和作用。比如，拆迁、项目的设计等其他费用，一般属于固定性的支出，不由社会资本方控制，不宜作为竞争变量，而建筑安装费用在合理限度内则可以做出一定的降低，可以作为竞争变量。

（4）将影响项目合作期投资回报的有一定弹性或敏感性系数高，可体现激励相容的重要参数作为采购竞争指标，以确定完整的项目回报的计算方式。

2. 竞争变量类型

根据 PPP 项目回报机制的不同，可考虑设定不同类型的竞争变量。

（1）使用者付费类项目：如果收费价格是政府定价或政府指导价，则可竞争项目合作期限、特许经营权使用费等；如果收费价格是市场自主定价，则可锁定项目合作期限、竞争付费单价、最低需求量、特许经营权使用费等变量。

（2）可行性缺口补助类项目：缺口补助金额总价、缺口补助金额单价、单价确定情况下的最低需求量等。

（3）政府付费类项目：可用性付费年值、施工图预算下浮率、投资回报率、合理利润率及折现率、可用性付费纳入年度绩效考核的比例等。

（4）存量项目：一般可设定存量项目产权或经营权转让价格的竞争变量，也可锁定转让价格以付费单价、项目合作期为竞争变量等。

3. 基础设施领域竞争变量

以传统基础设施领域（能源、交通运输、水利、环境保护、农业、林业、重大市政工程）为例，对相关行业 PPP 项目社会资本方采购时竞争变量的设置做如下建议：

（1）能源领域。

竞争变量一般为服务单价，如上网电价、供热单价、石油和天然气单价等。如执行政府定价，可竞争政府补贴费用或资产转让价格（适用于存量项目）。

（2）交通运输领域。

收费道路项目，竞争变量一般为收费单价，如执行政府定价，可竞争合作期限、最低交通量保证或政府可行性缺口补助费用；

铁路运输项目、城市轨道交通项目，竞争变量一般为政府可行性缺口补助费用、最低客流保证量、票价等；

航空运输类、水上运输类及综合类项目，竞争变量一般为政府可行性缺口补助费用、设施或资源使用费等。

（3）水利领域。

引调水工程、水生态治理工程、供水工程、江河湖泊治理工程、灌区工程、农业节水工程、水土保持等项目，竞争变量一般为单位水价或政府可行性缺口补助费用等。

（4）环境保护领域及重大市政工程领域。

如污水处理和垃圾处理项目，竞争变量一般为污水处理服务费单价和垃圾处理补贴单价。

（5）农业领域及林业领域。

主要是高标准农田等“三农”基础设施项目，竞争变量一般为单位农田可行性缺口补助费用或单位林地可行性缺口补助费用。

3.5.4 评审办法及评审细则

评审办法及评审细则详见本《指南》附录 1。

3.6 PPP 项目合同的编制

3.6.1 PPP 项目合同的重要性

PPP 项目合同与项目公司的股东协议、融资协议、工程承包合同、材料或设备供应合同、运营服务合同、保险合同等共同构成了完整的 PPP 项目合同体系。但这其中只有 PPP 项目合同界定了政府方与社会资本方的权利义务关系，是整个 PPP 项目合同体系的基础和核心。因此，PPP 项目合同草案是社会资本方采购文件中不可或缺的组成部分，应该全面准确地反映合同双方的权利义务关系、交易对价、风险分担机制、争议解决机制等内容。如 PPP 项目合同存在重大瑕疵，将对 PPP 项目的顺利实施造成重大隐患。采购人在编制 PPP 项目合同草案时应予以高度重视，尽可能聘请熟悉相关业务的法律专业人士参与编制工作。

3.6.2 PPP 项目合同的主要内容

PPP 项目合同应主要包括以下内容：

（1）项目名称、建设内容；

（2）合作方式、区域、范围和期限；

（3）是否需要设立项目公司以及项目公司的经营范围、注册资本、股东出资方式、出资比例、股权转让等；

（4）社会资本方所提供产品或者服务的数量、质量和标准；

（5）设施权属，以及相应的维护和更新改造权责；

（6）绩效评估、评估机制和标准；

（7）投融资期限和方式；

（8）收益回报方式，价格和收费标准的确定方法以及调整程序；

（9）履约担保；

（10）合作期内的风险分担原则和具体安排；

（11）政府承诺和保障；

（12）应急预案和临时接管预案；

（13）合作期限届满后，项目及资产移交方式、程序和要求等；

（14）变更、提前终止及补偿；

（15）违约责任；

（16）争议解决方式；

（17）需要明确的其他事项。

3.6.3 PPP 项目合同编制时应遵循的原则

1. 平等合作原则

在 PPP 项目合同中，政府与社会资本方是平等的法律主体，合同内容应充分体现双方法律地位平等、权利义务对等的关系。

2. 维护公益原则

PPP 项目合同中除应规定社会资本方的绩效监测、考核和质量控制等义务外，还应明确政府方合理的监督权和介入权，以加强对社会资本的履约管理。

3. 情势变更原则

鉴于 PPP 项目的生命周期通常较长，在起草 PPP 项目合同时，既要考虑合同内容的完整性和相对稳定性，也要充分考虑项目全生命周期内可能出现的各种不可预见性变化。可以预先设置一些关于期限变更（展期和提前终止）、内容变更（产出标准调整、价格调整等）、主体变更（合同转让）的合同磋商、调整机制，为未来可能长达 20～30 年的合同执行期预留调整和变更空间。

3.6.4 PPP 项目合同参考体例

为指导 PPP 项目合同编制，相关部门颁布了部分示范文本和指南，可供具体项目文本编制参考。

1. 国家发展改革委

《关于开展政府和社会资本合作的指导意见》（发改投资〔2014〕2724 号）附件 2《政府和社会资本合作项目通用合同指南》（2014 年版）。

2. 财政部

《关于规范政府和社会资本合作合同管理工作的通知》（财金〔2014〕156 号）中的《PPP 项目合同指南（试行）》。

3. 住房城乡建设部

《城市供水特许经营协议示范文本》（GF－2004－2501）；

《管道燃气特许经营协议示范文本》（GF－2004－2502）；

《城市生活垃圾处理特许经营协议示范文本》（GF－2004－2505）；

《城镇供热特许经营协议示范文本》（GF－2006－2503）；

《城市污水处理特许经营协议示范文本》（GF－2006－2504）。

4. 行业协会

《政府和社会资本合作（PPP）项目合作协议示范文本（试行）》（中国招标投标协会）。

3.7 采购文件的确认

依照实施方案编制的采购文件，需经过实施机构审核确认后报采购监管部门审查。同时，为保证后续项目合同顺利签署，建议在采购文件发出前将 PPP 项目合同草案报政府法制办等相关部门审查。

4 社会资本方采购程序

国家现行法律法规对适用于社会资本方采购的各种方式（公开招标、邀请招标、竞争性谈判、竞争性磋商、单一来源采购）均做出了明确而具体的实施程序规定，采购人无论选用何种方式都必须严格遵照法定程序开展采购活动。本章将以实践中使用较多的公开招标和竞争性磋商方式为例，对一些通用性的重点注意事项进行了专门的说明，并在本章以附表的形式详细介绍社会资本方采购程序及具体工作内容、注意事项及合规性风险。

4.1 潜在社会资本方的征集

为保证社会资本方采购具有充分的竞争性、符合相关政策要求①，避免采购过程的反复，实施机构在确定采购意向、发出采购公告前，可以广泛向社会宣传、推介采购意向以及项目基本情况，吸引更多的潜在社会资本方关注采购进程，可行的推介或宣传渠道包括：

（1）通过地方政府及行业主管部门组织的招商推介会或PPP项目专项推介会，不定向邀请社会资本方参加；

（2）通过各类公共媒体向社会发出拟采购项目的市场测试公告，吸引潜在社会资本方参与；

（3）由各相关行业协会推荐潜在社会资本方；

（4）从国家发展改革委、财政部及其他相关部委的信息平台、如国家发展改革委的基础设施PPP项目库、财政部PPP综合信息平台、中国招标投标公共服务平台、中国政府采购网、中国采购与招标网等国家级信息平台，以及各级政府的供应商库中选取社会资本方；

（5）由采购人、项目咨询机构、采购代理机构以及行业专家推荐潜在社会资本方。

---

① 按照相关法规要求，采用竞争性磋商方式采购的项目，采购人、采购代理机构应当通过发布公告、从省级以上财政部门建立的供应商库中随机抽取或者采购人和评审专家分别书面推荐的方式邀请不少于3家符合相应资格条件的供应商参与采购活动。采用采购人和评审专家推荐方式的，采购人推荐供应商的比例不得高于推荐供应商总数的50%。

4.2 资格审查

资格审查可分为资格预审和资格后审两种形式。社会资本方采购项目中的资格预审活动主要目的是筛选出满足采购项目要求的具备响应资格、能力的社会资本方，最大限度地调动社会资本方挖掘潜能，提高竞争效果，并验证项目能否获得社会资本方的响应和实现充分竞争。采购人可根据项目的实际情况依法依规选择适合的资格审查方式，适用政府采购法律法规的采购项目应当采用资格预审（见4.2.1）。

对于项目前期已进行过市场测试或采购人已与多家潜在社会资本方进行过充分沟通，并已证实能够获得足够多的社会资本方的响应、实现充分竞争目标的项目，为简化采购流程，缩短采购周期，可以考虑采用资格后审方式。

采购人在最终确定资格审查方式时，应以经批复的项目实施方案中的资格审查方式或相关主管部门对确定资格审查方式的批复意见为准。

4.2.1 资格预审程序

通常情况下，资格预审是指在采购活动中，采购人在发放采购文件前，对报名参加采购的申请人的能力、业绩、资格和资质、财务状况和信誉等进行审查，并确定合格的响应人名单的过程。

1. 发布资格预审公告

资格预审公告应当在省级以上人民政府财政部门指定的政府采购信息发布媒体上发布。

资格预审公告的公告期限为5个工作日，资格预审文件提供期限自资格预审公告发布之日起计算不得少于5个工作日。资格预审公告内容应当以省级以上财政部门指定媒体发布的公告为准。公告期限自省级以上财政部门指定媒体最先发布公告之日起算。

2. 资格预审的评审

提交资格预审申请文件的时间自公告发布之日起不得少于15个工作日，潜在社会资本方应按资格预审文件的要求按时提交资格预审申请文件，资格预审的评审工作由评审小组负责。评审小组由采购人代表和评审专家组成，成员数量为5人以上单数，其中评审专家人数不得少于评审小组成员总数的2/3。资格预审和评审阶段的评审小组的组成和专家选定方式相同，详见本章第4.5节“评审专家的组成与确定”。

3. 通过资格预审的社会资本方不足3家时的处理办法

如3家以上社会资本方通过资格预审，采购人可以继续开展后续采购工作；如通过资格预审的社会资本方不足3家的，采购人应调整实施方案后重新组织资格预审；

重新资格预审后，合格的社会资本方仍不足3家的，采购人应依法报请财政部门批准后，可采用其他采购方式采购，或依法调整实施方案选择新的采购方式。

4. 资格预审结果告知

资格预审结果应当告知所有参与资格预审的社会资本方，并将资格预审的评审报告提交财政主管部门且上传至财政部PPP合作中心网站备案。

实践中，由于相关政策文件中未明确资格预审结果告知的方式，部分地方财政主管部门要求以网站公告的形式将所有通过资格预审的社会资本方名称予以公示，此举与现行法律法规中关于在响应文件递交截止时间前应对参与竞争的社会资本方的数量、名称等信息进行保密的规定相冲突，可能影响采购活动的公平和公正性。建议单独以书面形式分别向每个社会资本方告知其自身是否通过资格预审，如未能通过，应在通知中向其说明原因。

5. 未参加资格预审的社会资本方参与采购竞争的条件

适用政府采购法律法规体系的采购项目，财政部关于印发《政府和社会资本合作项目政府采购管理办法》的通知（财库〔2014〕215号）、《关于印发政府和社会资本合作模式操作指南（试行）的通知》（财金〔2014〕113号）均明确规定采购文件中应明确“是否允许未参加资格预审的供应商参与竞争并进行资格后审”，因此即使潜在社会资本方没有报名参加资格预审，在采购文件明确允许的情况下，仍可参与该项目后续采购竞争。

适用招标投标法律法规体系的采购项目，根据《招标投标法实施条例》第十九条规定：“资格预审结束后，招标人应当及时向资格预审申请人发出资格预审结果通知书。未通过资格预审的申请人不具有投标资格。”即社会资本方未参加资格预审，则不得参与本项目的后续投标。

4.2.2 资格后审程序

项目实施方案中批准采取资格后审的项目，社会资本方的资格申请文件应为响应文件的组成部分。采购人在接收了响应文件后，应由评审委员会按照采购文件规定的资格评审标准和方法，对各社会资本方的资格进行审查。未通过资格审查的社会资本方的响应文件应予否决。

4.3 采购公告的发布及采购文件的发售

采购人应依据相关法律法规要求，在相关的媒体上发布采购公告。

采购文件应发售给所有通过资格预审的潜在社会资本方，如采购人在资格预审公告中明确允许未参加资格预审的社会资本方参与竞争，则采购文件还应发售给任何一个提出购买要求的、未参加资格预审的潜在社会资本方。如项目资格审查方式为资格后审，则采购文件应发售给任何一个提出购买要求的潜在社会资本方。

适用招标投标法律法规体系社会资本方采购的项目，招标文件的发售期不得少于5日；自发售招标文件之日起，至递交投标文件止，应不少于20日。

4.4 现场考察、答疑会

一般情况下，采购人应组织已获得采购文件的社会资本方进行现场考察或者召开采购前答疑会。但不得单独或者分别组织只有一个社会资本参加的现场考察和答疑会。

采购人应统一解答社会资本方考察现场中的疑问，社会资本方考察项目现场产生的疑问需要采购人澄清答复的，应在采购文件规定的时限内向采购人书面提出，采购人应当以书面形式答复并作为采购文件的澄清说明，提供给所有购买采购文件的潜在社会资本方。采购人认为必要时，也可以按采购文件规定，在考察项目现场后，组织预备会公开解答社会资本方提出的疑问，并以书面答复为准。

采购人应做好参加现场考察及答疑会的社会资本方的保密工作，如社会资本方签到时应注意单独签到，会议交流时避免提及社会资本方的名称等。

4.5 评审专家的组成与确定

评审专家中至少应当包含1名财务专家和1名法律专家，通常还包含金融、资产评估（存量项目）等经济方面专家以及行业技术和管理等方面专家。评审小组由采购人代表和评审专家组成，数量为5人以上单数（采用招标方式采购的，评标专家数量应为7人以上），其中评审专家人数不得少于评审小组成员总数的2/3。采购人或者采购代理机构可从评审专家库中通过随机方式抽取评审专家，也可以由项目实施机构自行选定。项目实施机构代表不得以评审专家身份参加项目的评审，采购代理机构工作人员不得参加由本机构代理的项目的评审。

4.6 接收响应文件、开标与评审

4.6.1 接收响应文件及开标

响应人应当在采购文件规定提交响应文件的截止时间前，将响应文件密封送达采购文件规定的具体地点。采购人或采购代理机构收到响应文件后，应当如实记载响应文件的送达时间和密封情况，签收保存，并向响应人出具签收回执。

采用招标方式采购的，开标应当在招标文件确定的提交投标文件截止时间的同一时间进行。开标由招标人或者招标代理机构主持，邀请投标人参加。招标人或者招标代理机构应当对开标现场活动进行全程录音录像。录音录像应当清晰可辨，音像资料作为采购文件一并存档。

开标时，由投标人或其推选的代表检查投标文件的密封情况；经投标人代表确认无异议后，由招标人或者招标代理机构工作人员当众拆封，宣布投标人名称、投标报价和招标文件规定的需要宣布的其他内容。

投标人不足3家的，不得开标。

采用竞争性磋商方式采购的项目，在接收响应文件截止时间后，递交最终方案及报价前，采购人及采购代理机构应采用必要的手段对响应人的数量和名称保密。

4.6.2 响应文件的评审

1. 评审组织工作

评审工作由评审小组负责。具体评审的组织工作由采购人或者采购代理机构负责。

采购代理机构或采购人组织评审工作时，应认真履行以下职责：

（1）核对评审专家身份和采购人代表授权函，对评审专家在采购活动中的职责履行情况予以记录，并及时将有关违法违规行为向相关部门报告；

（2）宣布评审纪律；

（3）公布响应人名单，告知评审专家应当回避的情形；

（4）组织评审小组推选评审组长，注意采购人代表不能担任组长；

（5）在评审期间采取必要的通信管理措施，保证评审活动不受外界干扰；

（6）根据评审小组的要求介绍相关政策法规、采购文件；

（7）维护评审秩序，监督评审委员会依照采购文件规定的评审程序、方法和标准进行独立评审，及时制止和纠正采购人代表、评审专家的倾向性言论或者违法违规行为；

（8）核对评审结果，当发现分值汇总计算错误、分项评分超出评分标准范围、评审小组成员对客观评审因素评分不一致、经评审委员会认定评分畸高、畸低的情况时，应要求评审小组复核或者书面说明理由，评审委员会拒绝的，应予记录并向相关部门报告；

（9）评审工作完成后，按照规定向评审专家支付劳务报酬和异地评审差旅费，不向评审专家以外的其他人员支付评审劳务报酬；

（10）处理与评审有关的其他事项。

采购人可以在评审前说明项目背景和采购需求，说明内容不得含有歧视性、倾向性意见，不得超出采购文件所述范围。说明应当提交书面材料，并随采购文件一并存档。

2. 响应文件递交时间截止后，响应人不足3家或通过资格审查或符合性审查的响应人不足3家情况的处理

（1）适用招标投标法律法规体系的采购项目，投标截止后投标人不足3家时，招标人应重新组织招标；实质性响应招标文件的投标人不足3家的，按照《评标委员会和评标方法暂行规定》（七部委令 第12号）以及相关法律法规的规定进行处理：有效投标人不足3家，但评标委员会认为投标仍具有竞争性的，可以推荐中标候选人或经采购人授权直接确定中标人；因有效投标人不足3家使得投标明显缺乏竞争的，评标委员会可以否决全部投标。

（2）适用政府采购法律法规体系的采购项目，分两种情况对上述情况进行处理。

采用招标方式的项目，除采购任务取消情形外，可按照以下方式处理：①招标文件存在不合理条款或者招标程序不符合规定的，采购人、采购代理机构改正后依法重新招标；②招标文件没有不合理条款、招标程序符合规定，需要采用其他采购方式采购的，采购人应当依法报财政部门批准。

采用竞争性磋商采购方式的项目，在采购过程中符合要求的社会资本方只有2家的，采购活动可以继续进行。采购过程中符合要求的社会资本方只有1家的，采购人或者采购代理机构应当终止采购活动，发布项目终止公告并说明原因，重新开展采购活动。

3. 响应文件的澄清或说明

对于响应文件中含义不明确、同类问题表述不一致或者有明显文字和计算错误的内容，评审小组应当以书面形式要求社会资本方做出必要的澄清、说明或者补正。

社会资本方的澄清、说明或者补正应当采用书面形式，并加盖公章，或者由法定代表人或其授权的代表签字。社会资本方的澄清、说明或者补正不得超出响应文件的范围或者改变响应文件的实质性内容。注意不能修改响应文件实质性内容。

4. 对响应文件进行比较和评价

（1）技术方案评审。

主要包括融资方案、设计方案、建设方案、运营维护方案、移交方案等内容评审。

（2）商务及报价评审。

1）采用招标方式的采购项目，评标委员会认为投标人的报价明显低于其他通过符合性审查投标人的报价，有可能影响项目质量或者不能诚信履约的，应当要求其在评标现场合理的时间内提供书面说明，必要时提交相关证明材料；投标人不能证明其报价合理性的，评审小组应当将其作为无效响应处理。在中标结果确定前，不得就实质性内容进行谈判。

2）采用竞争性磋商方式的采购项目，磋商小组所有成员应当集中与单一社会资本方分别进行磋商，并给予所有参加磋商的社会资本方平等的磋商机会。在磋商过程中，磋商小组可以根据磋商文件和磋商情况实质性变动采购需求中的技术、服务要求以及合同草案条款，但不得变动磋商文件中的其他内容。实质性变动的内容，须经采购人代表确认。对磋商文件做出的实质性变动是磋商文件的有效组成部分，磋商小组应当及时以书面形式通知所有参加磋商的社会资本方。

磋商小组应当要求所有实质性响应的社会资本方在规定时间内提交最后报价，已提交响应文件的社会资本方，在提交最后报价之前，可以根据磋商情况退出磋商。采购人、采购代理机构应当退还已退出磋商的社会资本方的磋商保证金。

5. 编写评审（标）报告、推荐中标候选人

（1）编写评审报告。

采用招标方式采购项目的评审报告，主要应包括以下内容：

1）招标公告刊登的媒体名称、开标日期和地点；

2）投标人名单和评标委员会成员名单；

3）评标方法和标准；

4）开标记录和评标情况及说明，包括无效投标人名单及原因；

5）评标结果，确定的中标候选人名单或者经采购人委托直接确定的中标人；

6）其他需要说明的情况，包括评标过程中投标人根据评标委员会要求进行澄清、说明或者补正，以及评标委员会成员更换等。

采用竞争性磋商方式采购项目的评审报告，应包括以下内容：

1）社会资本方参加采购活动的具体方式和相关情况；

2）响应文件开启日期和地点；

3）获取磋商文件的社会资本方名单和磋商小组成员名单；

4）评审情况记录和说明，包括对社会资本方的资格审查情况、社会资本方响应文件评审情况、磋商情况、各轮报价情况等；

5）提出成交候选社会资本方的排序名单及理由。

报告应全面、客观、透明地反映评审过程及结论。

（2）推荐候选社会资本方。

由评审小组对社会资本方提交的最终响应文件进行综合评分，编写评审报告并向项目实施机构提交候选社会资本方的排序名单。

4.7 采购结果的确认及信息公开

4.7.1 采购结果的确认

PPP项目采购评审结束后，项目实施机构应当成立专门的采购结果确认谈判工作组，负责采购结果确认前的谈判和最终的采购结果确认工作。

采购结果确认谈判工作组应当按照评审报告推荐的候选社会资本方排名，依次与候选社会资本方及与其合作的金融机构就项目合同中可变的细节问题进行项目合同签署前的确认谈判，率先达成一致的候选社会资本即为预中标、成交社会资本方。

应该注意的是，招标投标法律法规体系并没有规定相应的采购结果确认谈判，适用招标投标法律法规体系采购项目的合同谈判应按照相关法律法规开展。

采购结果谈判的程序与要求详见本《指南》第5章。

4.7.2 采购结果的公示

1. 预中标、成交结果公示

项目实施机构应当在预中标、成交社会资本方确定后10个工作日内，与预中标、成交社会资本方签署确认谈判备忘录，并将预中标、成交结果和根据采购文件、响应文件及有关补遗文件和确认谈判备忘录拟定的项目合同文本在省级以上人民政府财政部门指定的政府采购信息发布媒体上进行公示，公示期不得少于5个工作日。

2. 中标、成交结果公告及中标、成交通知书

项目实施机构应当在预中标、成交结果公示期满无异议后2个工作日内，将中标或成交结果在省级以上人民政府财政部门指定的政府采购信息发布媒体上进行公告，同时发出中标或成交通知书。

中标或成交结果公告内容应当包括：项目实施机构和采购代理机构的名称、地址和联系方式；项目名称和项目编号；中标或者成交社会资本方的名称、地址、法人代表；中标或者成交标的名称、主要中标或者成交条件（包括但不限于合作期限、服务要求、项目概算、回报机制）等；评审小组和采购结果确认谈判工作组成员名单。

采用竞争性磋商方式的采购项目，采购人或者采购代理机构应当在成交社会资本方确定后2个工作日内，在省级以上财政部门指定的媒体上公告成交结果，同时向成交社会资本方发出成交通知书，并将磋商文件随成交结果同时公告。

4.8 质疑与投诉

在PPP项目社会资本方采购活动中，难免出现质疑与投诉情形。为了保护政府方、社会资本方、采购人及采购代理机构等参加采购活动当事人的合法权益，需按相关规定进行质疑和投诉。质疑答复与投诉处理应遵循“依法依规、权责对等、公平、公正、简便和高效原则”。

本节以适用政府采购法律法规体系的采购项目为例，简要说明社会资本方采购活动中质疑的提出和答复、投诉的提起和处理的要点。

4.8.1 质疑与投诉的主体

提出质疑或投诉的供应商应当是参与所质疑或投诉项目采购活动的供应商。参与PPP项目采购的社会资本方或其委托的代理人（须提交社会资本方签署的授权委托书）可以对社会资本方采购活动进行质疑和投诉。以联合体形式参加社会资本方采购活动的，其投诉应当由组成联合体的所有社会资本方共同提出。

采购人负责社会资本方的质疑答复。采购人委托采购代理机构采购的，采购代理机构在委托授权范围内做出答复。

县级以上各级人民政府财政部门负责依法处理社会资本方投诉。社会资本方投诉按照采购人所属预算级次，由本级财政部门处理。

4.8.2 质疑与投诉的范围

1. 质疑提出的范围

社会资本方对采购文件、采购过程、中标或者成交结果等的质疑，可向该项目的采购人、采购代理机构以书面形式提出。

2. 投诉提起的范围

质疑社会资本方对采购人、采购代理机构的答复不满意，或者采购人、采购代理机构未在规定时间内做出答复的，可以向规定的财政部门提起投诉。

4.8.3 质疑与投诉的时限

1. 质疑提出和投诉提起的时限

社会资本方认为采购文件、采购过程、中标或者成交结果使自己的权益受到损害的，可以在知道或者应知其权益受到损害之日起7个工作日内，以书面形式向采购人、采购代理机构提出质疑。

质疑社会资本方可以在采购人、采购代理机构的答复期满后15个工作日内向规定的财政部门提起投诉。

超过法定时限的质疑，采购人及采购代理机构可以拒收。

2. 质疑回复和投诉处理的时限

（1）质疑回复的时限。采购人、采购代理机构不得拒收质疑供应商在法定质疑期内发出的质疑函，应当在收到质疑函后7个工作日内做出答复，并以书面形式通知质疑供应商和其他有关供应商。

（2）投诉处理的时限。财政部门收到投诉书后，应当在5个工作日内进行审查，审查后按照不同情况分别处理。处理时限请使用者自行查阅《政府采购质疑和投诉办法》（财政部令第94号）的相关规定。

4.8.4 质疑提出与投诉提起的内容及方式

1. 质疑提出的内容与方式

社会资本方提出质疑应当提交质疑函和必要的证明材料。质疑函应当包括下列内容：

（1）社会资本方的名称、地址、邮编、联系人及联系电话；

（2）质疑项目的名称、编号；

（3）具体、明确的质疑事项和与质疑事项相关的请求；

（4）事实依据；

（5）必要的法律依据；

（6）提出质疑的日期。

提出质疑的社会资本方应当由法定代表人、主要负责人，或者其授权代表签字或者盖章，并加盖公章。

2. 投诉提出的内容与方式

投诉人投诉时，应当提交投诉书和必要的证明材料，并按照被投诉采购人、采购代理机构（以下简称被投诉人）和与投诉事项有关的供应商数量提供投诉书的副本。投诉书应当包括下列内容：

（1）投诉人和被投诉人的姓名或者名称、通信地址、邮编、联系人及联系电话；

（2）质疑和质疑答复情况说明及相关证明材料；

（3）具体、明确的投诉事项和与投诉事项相关的投诉请求；

（4）事实依据；

（5）法律依据；

（6）提起投诉的日期。

投诉提起的社会资本方应由法定代表人、主要负责人，或者其授权代表签字或者盖章，并加盖公章。

4.8.5 质疑与投诉行为处理的结果

1. 质疑行为处理的结果

采购人、采购代理机构认为社会资本方质疑不成立，或者成立但未对中标、成交结果构成影响的，继续开展采购活动；认为社会资本方质疑成立且影响或者可能影响中标、成交结果的，按照下列情况处理：

（1）对采购文件提出的质疑，依法通过澄清或者修改可以继续开展采购活动的，澄清或者修改采购文件后继续开展采购活动；否则应当修改采购文件后重新开展采购活动。

（2）对采购过程、中标或者成交结果提出的质疑，合格社会资本方符合法定数量时，可以从合格的中标或者成交候选人中另行确定中标、成交社会资本方的，应当依法另行确定中标、成交社会资本方；否则应当重新开展采购活动。

质疑答复导致中标、成交结果改变的，采购人或者采购代理机构应当将有关情况书面报告本级财政部门。

2. 投诉行为处理的结果

（1）投诉处理过程中，有下列情形之一的，财政部门应当驳回投诉：

1）受理后发现投诉不符合法定受理条件；

2）投诉事项缺乏事实依据，投诉事项不成立；

3）投诉人捏造事实或者提供虚假材料；

4）投诉人以非法手段取得证明材料。证据来源的合法性存在明显疑问，投诉人无法证明其取得方式合法的，视为以非法手段取得证明材料。

（2）财政部门受理投诉后，投诉人书面申请撤回投诉的，财政部门应当终止投诉处理程序，并书面告知相关当事人。

（3）投诉人对采购文件提起的投诉事项，财政部门经查证属实的，应当认定投诉事项成立。经认定成立的投诉事项不影响采购结果的，继续开展采购活动；影响或者可能影响采购结果的，财政部门按照下列情况处理：

1）未确定中标或者成交供应商的，责令重新开展采购活动。

2）已确定中标或者成交供应商但尚未签订政府采购合同的，认定中标或者成交结果无效，责令重新开展采购活动。

3）政府采购合同已经签订但尚未履行的，撤销合同，责令重新开展采购活动。

4）政府采购合同已经履行，给他人造成损失的，相关当事人可依法提起诉讼，由责任人承担赔偿责任。

（4）投诉人对采购过程或者采购结果提起的投诉事项，财政部门经查证属实的，应当认定投诉事项成立。经认定成立的投诉事项不影响采购结果的，继续开展采购活动；影响或者可能影响采购结果的，财政部门按照下列情况处理：

1）未确定中标或者成交供应商的，责令重新开展采购活动。

2）已确定中标或者成交供应商但尚未签订政府采购合同的，认定中标或者成交结果无效。合格供应商符合法定数量时，可以从合格的中标或者成交候选人中另行确定中标或者成交供应商的，应当要求采购人依法另行确定中标、成交供应商；否则责令重新开展采购活动。

3）政府采购合同已经签订但尚未履行的，撤销合同。合格供应商符合法定数量时，可以从合格的中标或者成交候选人中另行确定中标或者成交供应商的，应当要求采购人依法另行确定中标、成交供应商；否则责令重新开展采购活动。

4）政府采购合同已经履行，给他人造成损失的，相关当事人可依法提起诉讼，由责任人承担赔偿责任。

投诉人对废标行为提起的投诉事项成立的，财政部门应当认定废标行为无效。

4.8.6 质疑与投诉需要注意的其他问题

（1）本节中介绍了适用政府采购法律法规体系的采购项目的处理方法和依据，适用招标投标法律法规体系的采购项目，应依据《招标投标法实施条例》及各行政监督部门的相关规定执行。

（2）社会资本方如存在捏造事实、提供虚假材料、以非法手段取得证明材料等属于虚假、恶意性质的投诉，将被财政部门列入不良行为记录名单，禁止其1～3年内参加政府采购活动。社会资本方在全国范围12个月内3次以上投诉查无实据的，由财政部门将其列入不良行为记录名单。

（3）社会资本方质疑、投诉的内容和方式应符合相关法律法规的规定，且在法定的质疑、投诉期限内提出，关于采购文件、采购过程、中标或者成交结果提起投诉前已依法进行质疑。

（4）采购人及代理机构应在时限内接受并回复社会资本方在法定质疑期内发出的质疑函，积极配合财政部门处理投诉事宜。如采购人及代理机构对质疑不予答复或者答复与事实明显不符且不能做出合理说明的，将根据情节严重程度受到限期整改、警告、处分并予通告的行政处分。

附表　部分常用采购方式采购流程表

附表4－1　适用招标投标法律法规体系公开招标流程表

序号	事项 阶段	发布媒体	时间要求	注 意 事 项
1	发布资格预审公告（若采用资格预审）	应当在国务院发展改革部门依法指定的媒介发布	资格预审文件的发售期不得少于5日	依法必须招标项目的招标公告和公示信息应当在“中国招标投标公共服务平台”或者项目所在地省级电子招标投标公共服务平台发布； 在不同媒介发布的同一招标项目的资格预审公告的内容应当一致； 资格预审文件应载明是否接受联合体投标
2	资格预审文件澄清或者修改	书面形式通知	提交资格预审申请文件截止时间至少3日前	澄清或者修改的内容可能影响资格预审申请文件编制的，招标人应当在提交资格预审申请文件截止时间至少3日前，以书面形式通知所有获取资格预审文件的潜在投标人；不足3日的，招标人应当顺延提交资格预审申请文件的截止时间
3	资格预审评审	—	依法必须进行招标的项目提交资格预审申请文件的时间，自资格预审文件停止发售之日起不得少于5日	国有资金占控股或者主导地位的依法必须进行招标的项目，招标人应当组建资格审查委员会审查资格预审申请文件。资格审查委员会及其成员应当遵守招标投标法和其条例有关评标委员会及其成员的规定； 通过资格预审的申请人少于3个的，应当重新招标； 资格预审结束后，招标人应当及时向资格预审申请人发出资格预审结果通知书。未通过资格预审的申请人不具有投标资格； 潜在投标人或者其他利害关系人对资格预审文件有异议的，应当在提交资格预审申请文件截止时间2日前提出。招标人应当自收到异议之日起3日内做出答复；做出答复前，应当暂停招标投标活动

续附表 4－1

序号	事项 阶段	发布媒体	时间要求	注 意 事 项
4	招标文件	—	—	招标人应当在招标文件中载明投标有效期。投标有效期从提交投标文件的截止之日起算； 一个招标项目只能有一个标底。标底必须保密；标底只能作为评标的参考，不得以投标报价是否接近标底作为中标条件，也不得以投标报价超过标底上下浮动范围作为否决投标的条件； 招标人设有最高投标限价的，应当在招标文件中明确最高投标限价或者最高投标限价的计算方法。招标人不得规定最低投标限价； 招标人可以依法对工程以及与工程建设有关的货物、服务全部或者部分实行总承包招标。以暂估价形式包括在总承包范围内的工程、货物、服务属于依法必须进行招标的项目范围且达到国家规定规模标准的，应当依法进行招标； 对技术复杂或者无法精确拟定技术规格的项目，招标人可以分两阶段进行招标； 招标人不得以不合理的条件限制、排斥潜在投标人或者投标人； 潜在投标人或者其他利害关系人对招标文件有异议的，应当在投标截止时间 10 日前提出。招标人应当自收到异议之日起 3 日内做出答复；做出答复前，应当暂停招标投标活动
5	发布招标公告或投标邀请	应当在国务院发展改革部门依法指定的媒介发布	招标文件的发售期不得少于 5 日	在不同媒介发布的同一招标项目的招标公告的内容应当一致； 载明是否接受联合体投标
6	现场考察和答疑会	—	—	招标人不得组织单个或者部分潜在投标人踏勘项目现场； 做好在现场考察及答疑会过程中对参与竞争的社会资本方保密工作； 一般情况下进行现场考察或者召开采购前答疑会

续附表 4－1

序号	事项 阶段	发布媒体	时间要求	注 意 事 项
7	澄清或者修改	书面形式通知	投标文件的截止时间至少 15 日前	澄清或者修改的内容可能影响投标文件编制的，招标人应当在提交投标截止时间至少 15 日前，以书面形式通知所有获取招标文件的潜在投标人；不足 15 日的，招标人应当顺延提交投标文件的截止时间； 澄清或者修改的内容为招标文件、资格预审文件、投标邀请书的组成部分
8	终止招标	发布公告，或者以书面形式通知被邀请的或者已经获取资格预审文件、招标文件的潜在投标人	及时	招标人终止招标的，应当及时发布公告，或者以书面形式通知被邀请的或者已经获取资格预审文件、招标文件的潜在投标人； 已经发售资格预审文件、招标文件或者已经收取投标保证金的，招标人应当及时退还所收取的资格预审文件、招标文件的费用，以及所收取的投标保证金及银行同期存款利息
9	投标	—	—	投标人参加依法必须进行招标的项目的投标，不受地区或者部门的限制，任何单位和个人不得非法干涉； 与招标人存在利害关系可能影响招标公正性的法人、其他组织或者个人，不得参加投标。单位负责人为同一人或者存在控股、管理关系的不同单位，不得参加同一标段投标或者未划分标段的同一招标项目投标。违反前两款规定的，相关投标均无效； 未通过资格预审的申请人提交的投标文件，以及逾期送达或者不按照招标文件要求密封的投标文件，招标人应当拒收； 资格预审后联合体增减、更换成员的，其投标无效

续附表 4－1

序号	阶段＼事项	发布媒体	时间要求	注 意 事 项
10	开标	招标人应当按照招标文件规定的时间、地点开标	开标应当在招标文件确定的提交投标文件截止时间的同一时间进行	投标人少于 3 个的，不得开标；招标人应当重新招标； 投标人对开标有异议的，应当在开标现场提出，招标人应当当场做出答复，并制作记录； 除《招标投标法》第三十七条第三款规定的特殊招标项目外，依法必须进行招标的项目，其评标委员会的专家成员应当从评标专家库内相关专业的专家名单中以随机抽取方式确定； 招标人应当根据项目规模和技术复杂程度等因素合理确定评标时间。超过 1/3 的评标委员会成员认为评标时间不够的，招标人应当适当延长
11	评标	—	—	招标人采用资格后审办法对投标人进行资格审查的，应当在开标后由评标委员会按照招标文件规定的标准和方法对投标人的资格进行审查； 投标文件中有含义不明确的内容、明显文字或者计算错误，评标委员会认为需要投标人做出必要澄清、说明的，应当书面通知该投标人。投标人的澄清、说明应当采用书面形式，并不得超出投标文件的范围或者改变投标文件的实质性内容； 评标委员会不得暗示或者诱导投标人做出澄清、说明，不得接受投标人主动提出的澄清、说明； 评标完成后，评标委员会应当向招标人提交书面评标报告和中标候选人名单。中标候选人应当不超过 3 个，并标明排序； 评标委员会成员拒绝在评标报告上签字又不书面说明其不同意见和理由的，视为同意评标结果

续附表4－1

序号	事项 阶段	发布媒体	时间要求	注 意 事 项
12	中标候选人公示	同招标公告发布媒体	依法必须进行招标的项目，招标人应当自收到评标报告之日起3日内公示中标候选人，公示期不得少于3日	投标人或者其他利害关系人对依法必须进行招标的项目的评标结果有异议的，应当在中标候选人公示期间提出。招标人应当自收到异议之日起3日内做出答复；做出答复前，应当暂停招标投标活动； 中标候选人的经营、财务状况发生较大变化或者存在违法行为，招标人认为可能影响其履约能力的，应当在发出中标通知书前由原评标委员会按照招标文件规定的标准和方法审查确认
13	签订书面合同	—	—	招标人和中标人应当依照《招标投标法》及其条例的规定签订书面合同，合同的标的、价款、质量、履行期限等主要条款应当与招标文件和中标人的投标文件的内容一致。招标人和中标人不得再行订立背离合同实质性内容的其他协议； 招标文件要求中标人提交履约保证金的，中标人应当按照招标文件的要求提交。履约保证金不得超过中标合同金额的10%； 中标人应当按照合同约定履行义务，完成中标项目。中标人不得向他人转让中标项目，也不得将中标项目肢解后分别向他人转让； 中标人按照合同约定或者经招标人同意，可以将中标项目的部分非主体、非关键性工作分包给他人完成。接受分包的人应当具备相应的资格条件，并不得再次分包

续附表4－1

序号	事项 阶段	发布媒体	时间要求	注 意 事 项
14	投诉与处理	—	按法规规定	投标人或者其他利害关系人认为招标投标活动不符合法律、行政法规规定的，可以自知道或者应当知道之日起10日内向有关行政监督部门投诉。投诉应当有明确的请求和必要的证明材料； 就《招标投标法实施条例》第二十二条、第四十四条、第五十四条规定事项投诉的，应当先向招标人提出异议，异议答复期间不计算在前款规定的期限内； 投诉人就同一事项向两个以上有权受理的行政监督部门投诉的，由最先收到投诉的行政监督部门负责处理； 行政监督部门应当自收到投诉之日起3个工作日内决定是否受理投诉，并自受理投诉之日起30个工作日内做出书面处理决定；需要检验、检测、鉴定、专家评审的，所需时间不计算在内； 投诉人捏造事实、伪造材料或者以非法手段取得证明材料进行投诉的，行政监督部门应当予以驳回； 行政监督部门处理投诉，有权查阅、复制有关文件、资料，调查有关情况，相关单位和人员应当予以配合。必要时，行政监督部门可以责令暂停招标投标活动

附表4－2　适用政府采购法律法规体系公开招标采购流程表

序号	事项 阶段	发布媒体	时间要求	注意事项
1	发布资格预审公告	应当在省级以上人民政府财政部门指定的政府采购信息发布媒体上发布	公告期限为5个工作日； 文件提供期限自资格预审公告发布之日起计算不得少于5个工作日	提交资格预审申请文件的时间自公告发布之日起不得少于15个工作日； 如不接受资格后审须明确是否允许未进行资格预审的社会资本参与采购活动； 资格预审文件应当包括内容详见《政府采购货物和服务招标投标管理办法》（财政部令第87号）第二十一条关于资格预审文件构成的相关规定； 资格预审文件应当免费提供； 载明是否接受联合体投标
2	资格预审文件澄清或者修改	书面形式通知	提交资格预审申请文件截止时间至少3日前	澄清或者修改的内容可能影响资格预审申请文件编制的，采购人或者采购代理机构应当在提交资格预审申请文件截止时间至少3日前，以书面形式通知所有获取资格预审文件的潜在投标人；不足3日的，采购人或者采购代理机构应当顺延提交资格预审申请文件的截止时间
3	资格预审评审	—	提交资格预审申请文件的时间自公告发布之日起不得少于15个工作日	评审小组由项目实施机构代表和评审专家共5人以上单数组成，其中评审专家人数不得少于评审小组成员总数的2/3； 评审专家中至少应当包含1名财务专家和1名法律专家； 项目实施机构代表不得以评审专家身份参加项目的评审； 资格预审结果应当告知所有参与资格预审的社会资本，并将资格预审的评审报告提交财政部门（政府和社会资本合作中心）备案

续附表4－2

序号	事项 阶段	发布媒体	时间要求	注 意 事 项
4	招标文件	—	—	招标文件中还应当明确项目合同必须报请本级人民政府审核同意，在获得同意前项目合同不得生效； 项目实施机构应当在资格预审公告、采购公告、采购文件、项目合同中列明采购本国货物和服务、技术引进和转让等政策要求，以及对社会资本参与采购活动和履约保证的担保要求
5	发布招标公告或投标邀请	应当在省级以上人民政府财政部门指定的政府采购信息发布媒体上发布	公告期限为5个工作日； 文件提供期限自招标公告发布之日起计算不得少于5个工作日	是否允许未参加资格预审的供应商参与竞争并进行资格后审； 公告内容应当以省级以上财政部门指定媒体发布的公告为准。公告期限自省级以上财政部门指定媒体最先发布公告之日起算； 载明是否接受联合体投标
6	现场考察和答疑会	—	—	不得单独或者分别组织只有一个供应商参加的现场考察和答疑会； 做好在现场考察及答疑会过程中对参与竞争的社会资本方保密工作； 一般情况下进行现场考察或者召开采购前答疑会
7	澄清或者修改	应当在原公告发布媒体上发布澄清公告	提交投标文件截止时间至少15日前	澄清或者修改的内容可能影响投标文件编制的，采购人或者采购代理机构应当在投标截止时间至少15日前，以书面形式通知所有获取招标文件的潜在投标人；不足15日的，采购人或者采购代理机构应当顺延提交投标文件的截止时间； 澄清或者修改的内容为招标文件、资格预审文件、投标邀请书的组成部分

续附表 4－2

序号	事项 阶段	发布媒体	时间要求	注意事项
8	终止招标	原公告发布媒体上发布终止公告	及时	终止招标的，采购人或者采购代理机构应当及时在原公告发布媒体上发布终止公告，以书面形式通知已经获取招标文件、资格预审文件或者被邀请的潜在投标人，并将项目实施情况和采购任务取消原因报告本级财政部门； 终止采购活动后 5 个工作日内，退还所收取的招标文件费用和所收取的投标保证金及其在银行产生的孳息
9	开标	开标地点应当为招标文件中预先确定的地点	开标应当在招标文件确定的提交投标文件截止时间的同一时间进行	采购人或者采购代理机构应当对开标、评标现场活动进行全程录音录像。录音录像应当清晰可辨，音像资料作为采购文件一并存档； 评标委员会成员不得参加开标活动； 投标截止后投标人不足 3 家或者通过资格审查或符合性审查的投标人不足 3 家的，除采购任务取消情形外，按照以下方式处理： （1）招标文件存在不合理条款或者招标程序不符合规定的，采购人、采购代理机构改正后依法重新招标； （2）招标文件没有不合理条款、招标程序符合规定，需要采用其他采购方式采购的，采购人应当依法报财政部门批准。 投标人未参加开标的，视同认可开标结果

续附表4－2

序号	事项 / 阶段	发布媒体	时间要求	注 意 事 项
10	项目评审	—	—	合格投标人不足3家的，不得评标； 评标委员会由采购人代表和评审专家组成，成员人数应当为7人以上单数，其中评审专家不得少于成员总数的2/3； 评审专家对本单位的采购项目只能作为采购人代表参与评标，《政府采购货物和服务招标投标管理办法》（财政部令第87号）第四十八条第二款规定情形除外； 采购代理机构工作人员不得参加由本机构代理的政府采购项目的评标； 评标委员会成员名单在评标结果公告前应当保密； 评标委员会应当以书面形式要求投标人做出必要的澄清、说明或者补正； 评标委员会应当按照招标文件中规定的评标方法和标准，对符合性审查合格的投标文件进行商务和技术评估，综合比较与评价，评审办法详见《政府采购货物和服务招标投标管理办法》（财政部令第87号）第五十三条至第五十七条
11	采购结果确认谈判	—	PPP项目采购评审结束后	采购评审结束后，项目实施机构采购结果确认谈判工作组，应当至少包括财政预算管理部门、行业主管部门代表，以及财务、法律等方面的专家； 涉及价格管理、环境保护的PPP项目，谈判工作组还应当包括价格管理、环境保护行政执法机关代表； 评审小组成员可以作为采购结果确认谈判工作组成员参与采购结果确认谈判； 采购结果确认谈判工作组应当按照评审报告推荐的候选社会资本排名，依次与候选社会资本及与其合作的金融机构就项目合同中可变的细节问题进行项目合同签署前的确认谈判，率先达成一致的候选社会资本即为预中标、成交社会资本； 确认谈判不得涉及项目合同中不可谈判的核心条款，不得与排序在前但已终止谈判的社会资本进行重复谈判

续附表4－2

序号	阶段＼事项	发布媒体	时间要求	注意事项
12	预中标、成交	省级以上人民政府财政部门指定的政府采购信息发布媒体上进行公示	公示期不得少于5个工作日	项目实施机构应当在预中标、成交社会资本确定后10个工作日内，与预中标、成交社会资本签署确认谈判备忘录； 预中标、成交结果和根据采购文件、响应文件及有关补遗文件和确认谈判备忘录拟定的项目合同文本均须公示，但项目合同文本涉及国家秘密、商业秘密的内容除外
13	中标、成交结果	省级以上人民政府财政部门指定的政府采购信息发布媒体上进行公告	公示期满无异议后2个工作日内	将中标、成交结果在省级以上人民政府财政部门指定的政府采购信息发布媒体上进行公告，同时发出中标、成交通知书； 中标、成交结果公告内容应当包括：项目实施机构和采购代理机构的名称、地址和联系方式；项目名称和项目编号；中标或者成交社会资本的名称、地址、法人代表；中标或者成交标的名称、主要中标或者成交条件（包括但不限于合作期限、服务要求、项目概算、回报机制）等；评审小组和采购结果确认谈判工作组成员名单
14	签订合同	—	中标、成交通知书发出后30日内	项目实施机构与中标、成交社会资本签订经本级人民政府审核同意的PPP项目合同； 需要为PPP项目设立专门项目公司的，待项目公司成立后，由项目公司与项目实施机构重新签署PPP项目合同，或者签署关于继承PPP项目合同的补充合同
15	PPP项目合同公告	省级以上人民政府财政部门指定的政府采购信息发布媒体	PPP项目合同签订之日起2个工作日内	项目实施机构应当将PPP项目合同公告，但PPP项目合同中涉及国家秘密、商业秘密的内容除外

附表 4－3　竞争性磋商采购流程表

序号	阶段＼事项	发布媒体	时间要求	注意事项
1	发布资格预审公告	在省级以上人民政府财政部门指定的政府采购信息发布媒体上发布	公告期限为5个工作日	PPP项目采购应当实行资格预审。项目实施机构应当根据项目需要准备资格预审文件，发布资格预审公告，邀请社会资本和与其合作的金融机构参与资格预审，验证项目能否获得社会资本响应和实现充分竞争。提交资格预审申请文件的时间自公告发布之日起不得少于15个工作日； 如不接受资格后审须明确是否允许未进行资格预审的社会资本参与采购活动
2	资格预审评审	—	—	评审小组由采购人代表和评审专家共5人以上单数组成，其中评审专家人数不得少于评审小组成员总数的2/3； 评审专家中至少应当包含1名财务专家和1名法律专家； 项目实施机构代表不得以评审专家身份参加项目的评审； 资格预审结果应当告知所有参与资格预审的社会资本，并将资格预审的评审报告提交财政部门（政府和社会资本合作中心）备案
3	磋商文件	—	—	如不允许资格后审，则磋商文件只能发售给通过资格预审的社会资本方； 采购文件应当包括内容详见第3章，并明确评审小组根据与社会资本谈判情况可能实质性变动的内容
4	发布采购公告或采购邀请	应当在省级以上人民政府财政部门指定的政府采购信息发布媒体上发布	磋商文件的发售期限自开始之日起不得少于5个工作日	如不接受资格后审须明确是否允许未进行资格预审的社会资本参与采购活动

续附表4－3

序号	事项 阶段	发布媒体	时间要求	注 意 事 项
5	现场考察和答疑会	—	—	不得单独或者分别组织只有一个社会资本参加的现场考察和答疑会； 做好在现场考察及答疑会过程中对参与竞争的社会资本方保密工作； 一般情况下进行现场考察或者召开采购前答疑会
6	澄清和答疑	根据地方采购中心的要求发布，一般与资格预审公告及采购公告发布媒体一致	提交首次响应文件截止时间至少5日前	项目实施机构应在提交首次响应文件截止时间至少5日前，以书面形式通知所有获取采购文件的社会资本；不足5日的，项目实施机构应顺延提交响应文件的截止时间
7	项目磋商	—	从磋商文件发出之日起至供应商提交首次响应文件截止之日止不得少于10日	评审专家可以由项目实施机构自行选定，共5人以上单数组成，其中评审专家人数不得少于评审小组成员总数的2/3； 评审专家中应至少包含1名财务专家和1名法律专家； 对资格预审报告或者评审报告有异议的，应当在报告上签署不同意见，并说明理由； 在磋商过程中，磋商小组可以根据磋商文件和磋商情况实质性变动采购需求中的技术、服务要求以及合同草案条款，但不得变动磋商文件中的其他内容。实质性变动的内容，须经采购人代表确认； 磋商小组所有成员应当集中与单一供应商分别进行磋商，并给予所有参加磋商的供应商平等的磋商机会； 采用竞争性磋商采购方式采购的政府购买服务项目（含政府和社会资本合作项目），在采购过程中符合要求的供应商（社会资本）只有2家的，竞争性磋商采购活动可以继续进行。采购过程中符合要求的供应商（社会资本）只有1家的，采购人（项目实施机构）或者采购代理机构应当终止竞争性磋商采购活动，发布项目终止公告并说明原因，重新开展采购活动； 磋商程序详见《政府采购竞争性磋商采购方式管理暂行办法》的通知（财库〔2014〕214号）及相关法规要求

续附表4－3

序号	事项 阶段	发布媒体	时间要求	注 意 事 项
8	采购结果确认谈判	—	PPP项目采购评审结束后	采购评审结束后，项目实施机构采购结果确认谈判工作组，应当至少包括财政预算管理部门、行业主管部门代表，以及财务、法律等方面的专家； 涉及价格管理、环境保护的PPP项目，谈判工作组还应当包括价格管理、环境保护行政执法机关代表； 评审小组成员可以作为采购结果确认谈判工作组成员参与采购结果确认谈判； 采购结果确认谈判工作组应当按照评审报告推荐的候选社会资本排名，依次与候选社会资本及与其合作的金融机构就项目合同中可变的细节问题进行项目合同签署前的确认谈判，率先达成一致的候选社会资本即为预中标、成交社会资本； 确认谈判不得涉及项目合同中不可谈判的核心条款，不得与排序在前但已终止谈判的社会资本进行重复谈判
9	预中标、成交	省级以上人民政府财政部门指定的政府采购信息发布媒体上进行公示	公示期不得少于5个工作日	项目实施机构应当在预中标、成交社会资本确定后10个工作日内，与预中标、成交社会资本签署确认谈判备忘录； 预中标、成交结果和根据采购文件、响应文件及有关补遗文件和确认谈判备忘录拟定的项目合同文本均须公示，但项目合同文本涉及国家秘密、商业秘密的内容除外

续附表4－3

序号	事项 阶段	发布媒体	时间要求	注意事项
10	中标、成交结果	省级以上人民政府财政部门指定的政府采购信息发布媒体上进行公告	公示期满无异议后2个工作日内	将中标、成交结果在省级以上人民政府财政部门指定的政府采购信息发布媒体上进行公告，同时发出中标、成交通知书； 中标、成交结果公告内容应当包括：项目实施机构和采购代理机构的名称、地址和联系方式；项目名称和项目编号；中标或者成交社会资本的名称、地址、法人代表；中标或者成交标的名称、主要中标或者成交条件（包括但不限于合作期限、服务要求、项目概算、回报机制）等；评审小组和采购结果确认谈判工作组成员名单
11	签订合同	—	中标、成交通知书发出后30日内	项目实施机构与中标、成交社会资本签订经本级人民政府审核同意的PPP项目合同； 需要为PPP项目设立专门项目公司的，待项目公司成立后，由项目公司与项目实施机构重新签署PPP项目合同，或者签署关于继承PPP项目合同的补充合同
12	PPP项目合同公告	省级以上人民政府财政部门指定的政府采购信息发布媒体	PPP项目合同签订之日起2个工作日内	项目实施机构应当将PPP项目合同公告，但PPP项目合同中涉及国家秘密、商业秘密的内容除外

5 采购结果确认谈判及合同签署

PPP模式以政府方和社会资本方建立合作关系为核心，由于双方所代表的利益主体不同，对于合作项目必然会产生不同的利益诉求。因此，PPP项目社会资本方的采购过程实际上是合作双方在利益分配、责任和风险分担方面的博弈过程。加之社会资本方采购的标的通常涉及数十年的投资、建设、运营，标的物具有集成性、复合性的特点，所涉及的合同关系极为复杂。因此，社会资本方采购在评审结束、明确成交候选人后、最终确定成交人前，双方对合同条款进行进一步的谈判或磋商，落实相关合同细节，对合同内容在较长时间内保持稳定，尽量规避合同纠纷风险是十分必要的。相较于一般的工程、货物和服务采购中的合同谈判工作，社会资本方采购中更应高度重视合同谈判的作用。不论采用何种采购方式，建议采购人均应考虑合同谈判的重要性并在采购文件明确有关合同谈判的原则、程序和内容。

目前，如社会资本方的采购适用政府采购法律法规体系，采购人与社会资本方的合同谈判应按照相关部门规章规定的采购结果确认谈判程序和要求开展。现行招标投标法律法规体系只规定了招投标活动中合同谈判通用的原则性限定，并未对社会资本方招标时的合同谈判做出程序性的特别规定。本章将依据现行法律法规，从有利于社会资本方采购效果的角度出发，依据政府采购法律法规体系的相关规定，以采购结果确认谈判为例，对社会资本方采购过程中的合同谈判及合同签署工作中应考虑和注意的问题进行说明。适用招标投标法律法规体系采购社会资本方时，可在满足相关法律法规要求的基础上，参考实施。

5.1 采购结果确认谈判工作组

5.1.1 采购结果确认谈判工作组的职责

社会资本方采购评审结束后，采购人应成立专门的采购结果确认谈判工作组，负责采购结果确认前的谈判和最终的采购结果确认工作。

谈判工作组应依据采购文件、成交候选人响应文件（包括成交候选人在评审阶段提供的澄清文件），按评审报告推荐的候选社会资本排名，依次与候选社会资本方及与其合作的金融机构就项目合同中可变的细节问题进行项目合同签署前的确认谈判。

5.1.2 采购结果确认谈判工作组的组建

谈判工作组成员及数量由项目实施机构确定，但应当至少包括财政预算管理部门、行业主管部门代表，以及财务、法律等方面的专家。涉及价格管理、环境保护的项目，谈判工作组还应当包括价格管理、环境保护行政执法机关代表。评审小组成员可以作为谈判工作组成员参与采购结果确认谈判。

由于PPP项目合同需要政府方审核批准后才能生效，为避免经采购结果确认谈判工作组确认后的合同在政府审核时出现较多的修改意见，采购人可根据项目具体情况和需要，邀请政府法制办、发改、国土等其他参加项目实施方案联审的部门代表参与采购结果确认谈判。政府出资人代表和项目咨询机构代表也可以作为谈判工作组成员参与谈判。

采购人应允许参与谈判的成交候选人以及与成交候选人相关联的融资方、法律顾问、咨询方等机构的代表人员参与谈判。

5.2 采购结果确认谈判内容及过程

5.2.1 确定谈判内容的原则

谈判内容原则上不得与批准的项目实施方案及采购文件的内容和要求发生冲突，不得涉及法律法规及采购文件明确规定不可谈判的核心条款内容。谈判可以对项目合同草案内容进行细化、解释和补充，但不能改变响应文件中的实质性内容。

5.2.2 确定谈判内容

为提高谈判效率和完善合同内容，采购人应以采购文件中的合同草案条款为基础，根据候选社会资本方提出的合同条款偏差表、合同谈判的书面问题清单以及政府各部门（如财政部门、政府法制办、采购监管部门等参加项目联审部门）对合同的书面意见，编制谈判的内容及条件。

采用招标方式采购的，社会资本方可将其认为需要谈判的合同草案文件未列明的细节和可变的细节内容填写在合同条款偏差表（法律文件条款偏差表）中，采购结果确认谈判内容原则上仅限于评标委员会推荐的中标候选人在合同条款偏差表中提出的偏差内容，且这些内容属于确需补充和细化的合同内容，不得改变采购文件合同草案条款的实质性内容。

采用竞争性磋商方式采购的，社会资本方可以按照采购文件的规定将需要提交的合同条款偏差内容在磋商文件中或在磋商过程中提交；经过多轮磋商后提供最终的合同条款偏差表（法律文件条款偏差表）。采购结果确认谈判内容原则上仅限于评审小组推荐的成交候选社会资本方在最终提交的合同条款偏差表中提出的偏差内容。

除了合同条款偏差表中的内容以外，确有需要补充和细化的合同内容，社会资本方可在采购结果确认谈判前以合同谈判的书面问题清单方式提出，但书面问题清单的内容不得改变采购文件合同草案条款的实质性内容。

5.2.3　采购结果确认谈判需要考虑的几个问题

（1）为了减少项目合同履行过程中的纠纷，谈判还应考虑项目合同条款的合理性、合法性和可操作性，以及合同条款之间、合同体系之间的严谨性、逻辑性。

（2）为了保证 PPP 项目合同的顺利签署，采购人应合理安排谈判所需要的时间。谈判所需的时间加上采购结果公示、合同报批、发出成交通知书以及签署合同所需要的时间不应超过采购文件规定的响应有效期。否则需要向成交候选人发出延长响应有效期的通知，成交候选人不同意延长时，会将导致采购失败。

（3）参与谈判的各方均应对谈判过程和内容负有保密义务。

（4）采购人不得与评审小组推荐的成交候选人之外的社会资本方进行谈判，否则需要承担相应的法律责任。

5.2.4　采购结果确认谈判的规则

谈判工作组应严格按照谈判顺序与成交候选人谈判，率先达成一致的成交候选人即为预中标、成交社会资本方。

谈判工作组不得在合同谈判期间与谈判排序在前但已终止谈判的成交候选人进行重复谈判。

5.2.5　谈判文件及签署

谈判文件包括谈判的方案及内容、谈判的时间和地点、谈判会议纪要、谈判双方的正式往来文件以及确认谈判备忘录等资料。

谈判文件是确认谈判过程和最终合同内容的依据。在谈判过程中形成的书面谈判文件均应由谈判双方的法定代表人或其授权代表共同签字确认并存档。

5.2.6　合同的批准

采购结果公示结束后、PPP 项目合同正式签订前，项目实施机构应将 PPP 项目合同提交行业主管部门、财政部门、法制部门等相关职能部门审核后，报本级人民政府批准。

5.2.7 政府方对合同的审核

政府方对经过采购结果确认谈判后形成的PPP项目合同在审核时，应对照项目实施方案、物有所值评价报告、财政承受能力论证报告及采购文件，检查合同内容是否发生实质性变更，并重点审核合同是否满足以下要求：

（1）合同是否符合项目实施方案中的风险分配机制，项目相关风险在政府与社会资本双方之间是否做到了合理可行的分配以及是否实现了风险的有效转移；

（2）合同是否就项目具体的产出标准和绩效考核指标做出了明确约定，社会资本方的回报取得是否与绩效评价结果具有关联关系；

（3）合同是否综合考虑了项目全生命周期内的成本核算范围和成本核算方法，对成本变动因素的考虑是否科学合理；

（4）合同应当根据项目基准成本和项目资本金财务内部收益率，参照工程竣工决算合理测算确定项目的补贴或收费定价基准。项目收入基准以外的运营风险由项目公司承担；

（5）合同应当合理约定项目补贴或收费定价的调整周期、条件和程序，作为项目合作期限内行业主管部门和财政部门执行补贴或收费定价调整的依据。

5.3 不可谈判的合同核心条款

5.3.1 界定合同核心条款的法律依据

合同的核心条款通常在采购文件中应做出明确规定，是采购文件的实质性内容，响应文件不得对其偏离。采购文件中已明确的合同核心条款通常不得作为合同谈判内容。采购人在确定合同核心条款时应遵照《招标投标法》第五十五条和第五十九条、《招标投标法实施条例》第五十七条和第七十五条、《政府采购法实施条例》第六十七条等相关法律法规的规定。

对于不允许偏离、不允许谈判的PPP项目合同的核心条款，采购人应当在采购文件中以专门章节说明，并以醒目的方式做出特别提示。

5.3.2 合同核心条款的内容

一般情况下，PPP项目实施方案中有关项目的边界条件应作为项目合同的核心条款，通常包括项目主要技术经济指标、运作方式、合作范围及内容、投融资结构、项目公司的组建、土地使用权、资产权属和风险分配、投资回报方式、价格定价机制和调整机制、产出说明、建设标准和运营维护标准等。

5.3.3 改变合同核心条款的法律风险

法律规定采购人不得与成交人订立背离采购文件实质性内容的协议。因此，就合同核心条款进行谈判并修改合同核心条款可能导致 PPP 项目合同内容背离采购文件的实质性要求，进而引起采购人的行政法律责任，甚至导致采购结果无效。

5.4 项目合同的签署

5.4.1 项目合同的签署时限

政府方应当在成交通知书发出后 30 日内，与成交社会资本方签订经本级人民政府审核同意的 PPP 项目合同。

PPP 项目合同应在采购文件规定的响应有效期内签署，如政府方发出成交通知书之日距响应有效期结束之日不足 30 日，请注意签署合同的时间应在响应有效期内。

5.4.2 项目合同签署应注意的问题

1. 不需要成立项目公司情形下的合同签署

在 PPP 项目合同中，没有明确约定社会资本方需设立专门项目公司的，PPP 项目合同仅需由政府方与成交社会资本方签署。

2. 需要成立项目公司情况下的合同签署

在 PPP 项目合同中，明确约定社会资本方需设立专门项目公司的，政府方通常先与成交社会资本方签订 PPP 项目合同，待项目公司成立后，由政府方与项目公司签署项目合同，或签署关于承继项目合同的补充合同。

实践中，也可以在项目公司成立前，政府方与成交社会资本方先签署了一份 PPP 项目合作协议（两方协议），待项目公司成立后，政府方与项目公司再签署 PPP 项目合同。在这种情况下，由于两份合同的主体不同，合同主体的权利义务不完全相同，因此，应注意这两份合同的法律关系及法律责任的衔接。

如果出现上述问题，建议通过政府方与成交社会资本方以及项目公司签署相关的备忘、纪要或补充协议来解决两份合同主体之间权利义务不同的问题。

采购结果确认谈判中常用的格式文件详见本《指南》附录 2 ~ 附录 4。

附录　评审办法、评审细则及采购结果谈判常用的格式文件

附录1　评审办法及评审细则

下面采用以公开招标方式采购社会资本方的某市生活垃圾焚烧发电特许经营项目（国家示范项目）所使用的评标办法为例，对如何设置社会资本方采购评审办法做具体说明。

1. 评审程序

（1）评审小组首先按照该项目招标文件的规定对投标人进行资格审查，对符合资格审查要求的投标文件进行初步审查，只有通过初步审查的投标文件方可进入下一步的详细评审。

（2）对通过初步审查的投标文件，评审小组将从商务方案、投标报价、技术方案、财务方案、法律方案五个方面进行综合评审并打分。

（3）评审小组根据综合得分从高到低的排名顺序推荐三名中标候选人。

2. 投标人的资格审查

本项目采取资格预审的方式对投标人进行资格审查。评审时评审小组只对投标人资格进行复查，以检查投标人资格条件与资格预审时有无变化。

3. 投标文件的初步审查

（1）在对投标文件进行评分之前，评审小组将对每个投标人提交的投标文件进行初步审查，确定是否有重大偏离。确定投标文件是否存在重大偏离只依据投标文件本身的内容，而不寻求外部证据。所谓重大偏离是指：

1）没有按招标文件要求提供投标保证金；

2）投标文件没有投标人的法定代表人或授权代表签字和加盖单位公章；

3）没有实质性响应招标边界条件；

4）没有实质性响应《PPP项目合同》及相关协议；

5）投标文件出现有选择的报价；

6）投标报价高于投标最高限价的；

7）不符合招标文件中规定的其他实质性要求的；

8）其他法律法规规定的无效标条款。

（2）如果投标文件具有上述第3款第（1）项所列举的情况中的任何一种，评审小组将予以拒绝。投标人不得通过修正从而使其投标成为符合要求的投标。

4. 评分规则

（1）本项目采用综合评估法进行评审，取百分满分制。评审内容包括五个部分：商务方案、投标报价、技术方案（包括设计方案、建设方案、运营方案及移交方案等）、财务方案、法律方案。

（2）各项详细评分规则详见本附录第6款评分细则。评审小组在评分时，报价分按公式进行计算，保留小数点后两位。汇总分数时，保留小数点后两位。

5. 评分权重分配

评分总分为100分，其中：

商务方案A1，满分为10分；

投标报价A2，满分为40分；

技术方案A3，满分为40分；

财务方案A4，满分为5分；

法律方案A5，满分为5分；

投标人最终得分 = A1 + A2 + A3 + A4 + A5。

6. 评分细则

（1）商务方案（A1，满分10分）

序号	评审因素	分值	评 分 标 准	分值设置说明
1	企业实力	5		
1.1	总利润	2	根据最近三个年度经审计的财务报告： 1亿元≤平均年总利润<3亿元，得0.5分； 3亿元≤平均年总利润<5亿元，得1分； 平均年总利润≥5亿元，得2分	企业总利润能反映投标人的经营状况、盈利能力及管理水平
1.2	净资产	2	根据最近经审计的财务报告： 3亿元≤净资产<6亿元，得0.5分； 6亿元≤净资产<10亿元，得1分； 净资产≥10亿元，得2分	企业净资产能反映投标人的融资能力； 本项目总投资约5亿元，银行贷款约3亿元
1.3	资产负债率	1	根据最近经审计的财务报告： 55%≤负债率<65%，得0.5分； 负债率<55%，得1分	资产负债率是融资重要参数，能反映投标人的财务状况，还能反映投标人的负债状况

续表

序号	评审因素	分值	评 分 标 准	分值设置说明
2	项目业绩	5	投标人自身投资、建设、运营一个日处理规模不低于1000吨（含），采用机械炉排炉工艺的生活垃圾焚烧发电项目，且项目已稳定商业运营的 每项业绩得1分，最多得5分 注：垃圾焚烧发电特许经营业绩应以与政府及其相关部门签订的《特许经营协议》合同为准，且投资人需在该项业绩中的持股比例大于50%（不含）；已稳定商业运营证明需出具行业监管部门出具的相关证明材料（包括但不限于项目验收证明、环保验收证明等）	充分展示投标人的经验和能力，确保项目高效优质的投资、建设和运营
合 计		10		

（2）投标报价（A2，满分40分）

序号	评审因素	分值	评 分 标 准	分值设置说明
1	投标报价	40	以政府支付的每吨垃圾补贴费，作为本项目的投标报价竞争标的。 1. 投标报价超过招标控制价（如100元/吨）的，投标文件将做无效标处理。 2. 以投标人有效投标报价算术平均值为评审基准价。 3. 具体评分办法： 1）当投标报价等于评审基准价的，该投标人的投标报价得满分； 2）当投标报价高出评审基准价时，每高1%扣1分； 3）当投标报价低出评审基准价时，每低1%扣0.5分。 不足1%的按插入法计算，扣完为止	1. 投标报价设置40分，符合政府采购法律法规体系规定； 2. 投标报价设置40分比较合理。垃圾发电项目一般均属当地重大环保项目，政府非常关注安全、环保、技术及投标人的运营经验。 因此，投标报价得分也不宜太高，并鼓励合理价中标，以避免低价中标而影响安全环保

（3）技术方案评分细则（A3，满分40分）

本项目技术方案包括：设计方案、建设方案、运营方案及移交方案等。

序号	评分项目	分值	评 分 标 准	分值设置说明
一	方案总体评价	2	1. 方案响应招标文件要求、结构清晰、内容完整、设计规范 依据优、良、差，分别给：1、0.5、0分； 2. 生产线配置科学合理，工艺流程及主要及辅助设备方案符合招标文件要求 依据优、良、差，分别给：1、0.5、0分	鼓励投标人发挥专业特长，做好项目设计
二	主要工艺装备	60		
1	垃圾接收储存及输送系统	9	1. 根据垃圾称量系统自动化和智能化程度、配置的合理性 依据优、良、差，分别给：1、0.5、0分； 2. 垃圾卸料大厅密闭性好，有交通指挥系统和安全防护设施 依据优、良、差，分别给：2、1、0分； 3. 垃圾储坑处于负压封闭状态，有渗滤液收集及防腐防渗措施并有独立的防臭除臭系统 依据优、良、差，分别给：3、1、0分； 4. 抓斗吊应采用成熟可靠、先进、进口产品，选型合理，自动化和智能化程度高、操作方便、故障率低 依据优、良、差，分别给：3、1、0分	鼓励投标人发挥专业特长，做好项目设计
2	垃圾焚烧系统	23		
①	焚烧炉系统	20		
A	焚烧炉技术	7	1. 物料平衡图、热量平衡图及燃烧图、主要设计参数科学合理 依据优、良、差，分别给：3、1、0分； 2. 所选焚烧炉为世界先进的成熟可靠机械炉排炉技术，能适应我国生活垃圾特性 依据优、良、差，分别给：4、2、0分	鼓励投标人发挥专业特长
B	炉膛炉排	8	1. 炉膛设计充分考虑炉膛温度和烟气停留时间等保障措施，温度测点完善，炉膛结构设计科学合理、炉膛密封冷却措施先进 依据优、良、差，分别给：4、2、0分； 2. 炉排应适应我国生活垃圾特性，技术参数设计合理、运行稳定可靠、使用寿命长、更换方便且备品备件易购 依据优、良、差，分别给：4、2、0分	鼓励投标人发挥专业特长

续表

序号	评分项目	分值	评分标准	分值设置说明
C	液压传动系统	2	采用先进、成熟、可靠，自动化程度高的产品 依据优、良、差，分别给：2、1、0分	
D	点火及助燃系统	1	采用成熟可靠产品，燃烧器数量及布置位置合理 依据优、良、差，分别给：1、0.5、0分	
E	出渣系统	1	出渣系统稳定、可靠，炉渣热灼减率不大于3% 依据优、良、差，分别给：1、0.5、0分	
F	燃烧送风系统	1	一、二次风配置、设备选型、焚烧炉烟气含氧量等合理 依据优、良、差，分别给：1、0.5、0分	
②	余热锅炉	3	1. 余热锅炉蒸汽采用中温中压参数，额定产汽量计算准确 依据优、良、差，分别给：1、0.5、0分； 2. 余热锅炉与焚烧炉配套设计，产品成熟可靠，效率高 依据优、良、差，分别给：1、0.5、0分； 3. 空气预热器、清灰系统成熟可靠 依据优、良、差，分别给：1、0.5、0分	鼓励投标人发挥专业特长，选择更好的设备
3	汽轮发电机组	3	1. 汽轮发电机组配置合理，产品成熟可靠，效率高 依据优、良、差，分别给：1、0.5、0分； 2. 汽轮发电机组设计参数合理 依据优、良、差，分别给：1、0.5、0分； 3. 汽轮发电机组辅助系统可靠 依据优、良、差，分别给：1、0.5、0分	鼓励投标人发挥专业特长，选择更好的设备
4	烟气净化系统	8	1. 烟气净化工艺满足招标文件要求，按照满足烟气污染物排放标准的程度 依据优、良、差，分别给：4、2、0分； 2. 采用的主要设备、产品满足招标文件要求，核心部件采用成熟、稳定、先进且寿命长的进口件 依据优、良、差，分别给：4、2、0分	鼓励投标人发挥专业特长，选择更好的设备
5	二噁英控制	3	二噁英控制采取有效措施的 依据优，良、差，分别给：3、1、0分	确保有效控制二噁英

续表

序号	评分项目	分值	评 分 标 准	分值设置说明
6	灰渣飞灰处理系统	3	1. 炉渣收集、输送、储存、综合利用方案合理、可行的 依据优、良、差，分别给：1、0.5、0分； 2. 飞灰的收集、处理方案满足各项环保要求的 依据优、良、差，分别给：1、0.5、0分； 3. 炉渣、飞灰产生量估算准确，设备选型合理 依据优、良、差，分别给：1、0.5、0分	飞灰中含有重金属等，属于危险废弃物，需进行有效处理
7	飞灰最终处置	1	飞灰有可靠的最终处置措施 根据优、良、差，分别给：1、0.5、0分	
8	自动控制系统	4	1. 自动控制方案适用、可靠、先进，根据项目特点进行设计 依据好、差，分别给：0.5、0分； 2. 有较高的自动化水平，DCS系统能实现集中监视、分散控制；应建立管理信息系统（MIS）和厂级监控信息系统（SIS） 依据好、差，分别给：0.5、0分； 3. 检测报警和调节控制的检测参数设置完善，报警方案设置合理，主要调节单元描述能很好地满足工艺的要求 依据优、良、差，分别给：1、0.5、0分； 4. 安全保护和连锁的保护系统有防误动、拒动措施 依据好、差，分别给：0.5、0分； 5. 燃烧自动控制系统（ACC）有开放、独立、成熟、先进的燃烧自动控制，具有送风、给料量、炉膛温度的自动控制功能 依据优、良、差，分别给：1、0.5、0分； 6. 烟气在线监测系统（CEMS）及其他污染物指标在线监测系统的指标数量应满足标准要求，监测数据应与监管部门联网并进行公示及接受有关部门、公众进行监督 依据好、差，分别给：0.5、0分	确保装置科学先进，自动控制水平高

续表

序号	评分项目	分值	评 分 标 准	分值设置说明
9	电气系统	3	1. 电气主接线方案安全可靠，有保证机组停机和启动的电源 依据优、良、差，分别给：1、0.5、0分； 2. 厂用电系统方案安全可靠，低压母线设置合理 依据优、良、差，分别给：1、0.5、0分； 3. 继电保护、自动装置及综合自动化系统安全可靠 依据好、差，分别给：0.5、0分； 4. 电气设备的选择合理、可靠、先进 依据好、差，分别给：0.5、0分	发挥投标人专业特长，确保电气系统安全可靠
10	渗滤液 污水处理系统	3	渗滤液及生产、生活污水处理实现无害化处理且零排放，方案合理，能满足招标文件要求 依据优、良、差，分别给：3、1、0分	发挥投标人专业特长，污水处理达标排放
三	主要生产及 配套设施	4	主要生产及配套设施完善，设备选型合理（包括但不限于给排水系统、循环水系统、消防系统、辅助燃料系统、压缩空气系统、采暖通风及空调系统、通信系统等） 依据优、良、差，分别给：4、2、0分	发挥投标人专业特长，确保生产装置安全稳定
四	总图布置	6	1. 功能分区明确，建筑物布置满足规范要求 依据优、良、差，分别给：1、0.5、0分； 2. 工艺流程流畅，物料输送距离短 依据优、良、差，分别给：1、0.5、0分； 3. 交通组织合理，满足生产、参观及消防等要求 依据优、良、差，分别给：1、0.5、0分； 4. 竖向布局合理，建（构）筑物及设备层次分明，利于运行管理 依据优、良、差，分别给：1、0.5、0分； 5. 厂区绿化适宜，环境舒适宜人 依据优、良、差，分别给：1、0.5、0分； 6. 在用地范围内，合理优化总图布置，节约土地 依据优、良、差，分别给：1、0.5、0分	发挥投标人专业特长，确保总图布置合理，物流效率高，节约能源，节约用地
五	土建工程	3	1. 建（构）筑物设计经济实用，满足功能要求，造型美观大方 依据优、良、差，分别给：1、0.5、0分； 2. 各建筑物面积适宜，结构合理、建筑风格符合当地风格 依据优、良、差，分别给：1、0.5、0分； 3. 主厂房内分区合理，利于生产管理和运行维护 依据优、良、差，分别给：1、0.5、0分	发挥投标人专业特长，确保经济适用

续表

序号	评分项目	分值	评 分 标 准	分值设置说明
六	环境保护 劳动卫生 节能措施	4	1. 臭气及有害气体不外逸，防治措施合理可行 依据优、良、差，分别给：1、0.5、0分； 2. 噪声防治措施合理可行 依据优、良、差，分别给：1、0.5、0分； 3. 劳动卫生符合国家和行业标准，措施得当，可操作性强 依据优、良、差，分别给：1、0.5、0分； 4. 节能措施合理可行 依据优、良、差，分别给：1、0.5、0分	发挥投标人专业特长，确保安全、环保及清洁文明生产
七	合理化建议	2	合理化建议有针对性，可操作性强 依据优、良、差，分别给：2、1、0分	发挥投标人的创造性
八	风险管理及预案	4	1. 投标人对项目风险进行预测、分析，并提出规避风险的措施 根据风险管理的优、良、差，分别给2、1、0分； 2. 投标人需对本项目编制风险管理预案 依据优、良、差，分别给2、1、0分	有效分配及政府合理规避风险
九	工程建设方案	8	1. 投标人的土地手续办理方案及前期工作方案是否合理完善 依据优、良、差，分别给：1、0.5、0分； 2. 工程进度控制、费用控制、质量控制、HSE控制等方案内容是否全面，管理制度和控制措施是否合理可行 依据优、良、差，分别给：4、2、1分； 3. 投标人的调试方案 依据优、良、差，分别给：2、1、0分； 4. 投标人的试运行方案 依据优、良、差，分别给：1、0.5、0分	发挥投标人优势，做好项目进度控制、费用控制、质量控制。确保项目质量优、造价低、进度快
十	运营维护方案	5	1. 运营维护方案的完整性、经济性、可行性 依据优、良、差，分别给：2、1、0分； 2. 运营维护方案（包括日常运营计划、设备维护及管理计划、质量控制、人事计划、报告制度）合理、符合规范、齐全的 依据优、良、差，分别给：2、1、0分； 3. 烟气排放及渗滤液处理方案中有完整、可行的应急预案的 依据优、良、差，分别给：1、0.5、0分	该部分非常重要，能提供优质的公共服务产品

续表

序号	评分项目	分值	评 分 标 准	分值设置说明
十一	移交方案	2	移交方案的完整性、经济性、可行性 依据优、良、差，分别给：2、1、0分	保证资产完整、正常运行及持续经营
合计		100*		

注：*本项权重占总分的比重为40%。

（4）财务方案评分细则（A4，满分5分）

序号	评审因素	分值	评分标准说明	分值设置说明
1	投资估算	1		
1.1	投资费用构成	0.5	投资费用构成完整，给0.5分； 投资费用构成较完整，给0.3分； 投资费用构成差距较大的不给分	有效控制投资，减少政府的最终支出
1.2	投资估算指标及标准和深度	0.5	估算指标合理、其他费用标准符合规定、深度能满足控制设计概算的要求的 依据好、差，分别给0.5分、0.2分	
2	融资方案	3.5		
2.1	项目资本金承诺及来源	0.2	项目资本金的资金来源落实 可靠，满足招标文件要求给0.2分； 不可靠，不给分 （注：投标人需提供银行出具的存款证明。）	确保项目建设资金的落实
2.2	项目融资方案	3	项目资本金占比较高（全部采用自有资金进行建设的得满分3分），且项目资本金之外的贷款资金有融资方的明确承诺，融资贷款有显著保证、融资方案可操作性强、融资成本较低的 根据优、良、差分别给3、2、1分 （注：需提供贷款意向函及融资成本证明文件。）	
2.3	资金使用计划	0.3	资金使用计划合理、满足建设进度要求， 有利于项目实施的，得满分0.3分； 项目资金计划使用计划不合理，不给分	提高资金使用效率，节约成本

续表

序号	评审因素	分值	评分标准说明	分值设置说明
3	财务评价	0.5		
3.1	收入测算	0.2	根据收入测算数量和价格与招标文件规定、自我方案及报价一致性 依据好、差，分别给：0.2、0分	科学进行成本分析，加强成本管理，有效控制成本
3.2	成本费用测算	0.3	根据成本费用构成和测算数据合理性， 依据好、差，分别给：0.3、0分	
合计		5		

（5）法律方案评分细则（A5，5分）

序号	评审因素	分值	评 分 标 准	分值设置说明
1	项目公司组建计划	1	根据项目公司组建计划的科学合理性、是否符合项目需要 依据优、良、差，分别给：1、0.5、0分	尽快组建项目公司，抓紧项目落实
2	项目公司机构设置	3	项目公司架构明晰，责任清楚，拟派往本项目的人员类似项目经验丰富，项目工程管理、技术、经济、运营人员配备齐，满足项目要求的 依据优、良、差，分别给：3、2、1分	组织机构高效、专业、精干； 提供更优质的公共服务
3	对招标文件中《特许经营协议》应答	1	根据投标人对本招标文件中的《特许经营协议》的响应情况 完全响应的得1分； 有负偏离的，每项减0.5分，最低为0分	鼓励投标人最大限度响应招标文件及合同
合计		5		

附录 2　采购结果谈判通知

采购结果谈判通知

致：（候选社会资本方名称）

联系人：（授权委托人姓名）　　　　　　联系方式：

兹定于________年____月____日进行（项目名称）的采购结果确认谈判会议，请贵方届时派相关授权人员参加。

1. 谈判开始时间：________年____月____日____时____分（北京时间）。

2. 谈判地点：____。

3. 谈判内容：见本通知附件（附件为拟谈判议题内容）。

请贵方在收到此通知后在________年____月____日前按如下确认函格式回复，回复方式……

（采购人或采购代理机构名称）

年　　月　　日

确　认　函

致：（采购人或采购代理机构名称）

已收到贵方发出的谈判通知，我方确认______（参加/不参加）谈判。

（候选社会资本方名称）（盖章）

年　　月　　日

附录3　谈判过程记录

谈判过程记录

（项目名称）（项目编号）

候选社会资本方名称：

谈判内容记录：

会议签署的成果文件：（名称）见附件

采购结果确认谈判小组成员签字：

候选社会资本方授权代表签字或盖章：

日期：

地点：

附录 4　合同确认谈判备忘录

合同确认谈判备忘录

甲方：（项目实施机构名称）

乙方：（成交社会资本方名称）

甲乙双方于________年____月____日在(地点)，就(项目名称) 的项目合同条款进行谈判，现达成一致（具体条款修改见附件)。待______人民政府对本项目的项目合同进行审核批准后，由甲方与乙方签订正式 PPP 项目合同。

甲方授权代表签字：　　　　乙方授权代表签字：

年　　月　　日　　　　年　　月　　日

附件：条款修改格式

条款号	原　内　容	修 改 内 容
1.1	无	增加：
5.1.2	5.1.2　甲方的义务 甲方除履行本合同其他各章约定的义务外，还应履行以下义务： (1) (2) (3) (4) (5) ……	5.1.2　甲方的义务 甲方除履行本合同其他各章约定的义务外，还应履行以下义务： (1) (2) (3) (4) (5) ……

参考文献

一、法律、法规及规章

[1]《中华人民共和国民法总则》（中华人民共和国主席令第六十六号，2017 年 3 月 15 日第十二届全国人民代表大会第五次会议通过）
[2]《中华人民共和国行政许可法》（中华人民共和国主席令第七号，2003 年 8 月 27 日第十届全国人民代表大会常务委员会第四次会议通过）
[3]《中华人民共和国合同法》（中华人民共和国主席令第十五号，1999 年 3 月 15 日第九届全国人民代表大会第二次会议通过）
[4]《中华人民共和国公司法》（中华人民共和国主席令第八号，2013 年 12 月 28 日第十二届全国人民代表大会常务委员会第六次会议通过第三次修正）
[5]《中华人民共和国担保法》（中华人民共和国主席令第五十号，1995 年 6 月 30 日第八届全国人民代表大会常务委员会第十四次会议通过）
[6]《中华人民共和国招标投标法》（中华人民共和国主席令第二十一号，2017 年 12 月 27 日第十二届全国人民代表大会常务委员会第三十一次会议通过《关于修改〈中华人民共和国招标投标法〉的决定》）
[7]《中华人民共和国政府采购法》（中华人民共和国主席令第六十八号，2014 年 8 月 31 日第十二届全国人民代表大会常务委员会第十次会议通过《关于修改〈中华人民共和国保险法〉等五部法律的决定》）
[8]《中华人民共和国预算法》（中华人民共和国主席令第十二号，2014 年 8 月 31 日第十二届全国人民代表大会常务委员会第十次会议表决通过《全国人大常委会关于修改〈预算法〉的决定》）
[9]《中华人民共和国价格法》（中华人民共和国主席令第九十二号，1997 年 12 月 29 日第八届全国人民代表大会常务委员会第二十九次会议通过）
[10]《中华人民共和国企业国有资产法》（中华人民共和国主席令第五号，2008 年 10 月 28 日第十一届全国人民代表大会常务委员会第五次会议通过）
[11]《中华人民共和国土地管理法》（中华人民共和国主席令第二十八号，2004 年 8 月 28 日第十届全国人民代表大会常务委员会第十一次会议通过对《中华人民共和国土地管理法》进行了第二次修正）
[12]《中华人民共和国建筑法》（中华人民共和国主席令第四十六号，2011 年 4 月 22

日第十一届全国人大常委会第20次会议通过《关于修改〈中华人民共和国建筑法〉的决定》)
[13]《中华人民共和国招标投标法实施条例》(国务院令第613号)
[14]《中华人民共和国政府采购法实施条例》(国务院令第658号)

国务院

[15] 中共中央国务院《关于深化投融资体制改革的意见》(中发〔2016〕18号)
[16] 国务院办公厅转发财政部、发展改革委、人民银行《关于在公共服务领域推广政府和社会资本合作模式指导意见的通知》(国办发〔2015〕42号)
[17] 国务院《关于鼓励和引导民间投资健康发展的若干意见》(国发〔2010〕13号)
[18] 国务院《关于创新重点领域投融资机制鼓励社会投资的指导意见》(国发〔2014〕60号)
[19] 国务院《关于调整和完善固定资产投资项目资本金制度的通知》(国发〔2015〕51号)

国家发展改革委

[20]《基础设施和公用事业特许经营管理办法》(发改委、财政部、住建部、交通运输部、水利部、中国人民银行令　第25号)
[21] 国家发展改革委关于印发《传统基础设施领域实施政府和社会资本合作项目工作导则》的通知(发改投资〔2016〕2231号)
[22] 国家发展改革委《关于鼓励民间资本参与政府和社会资本合作(PPP)项目的指导意见》(发改投资〔2017〕2059号)
[23] 国家发展改革委《关于切实做好传统基础设施领域政府和社会资本合作有关工作的通知》(发改投资〔2016〕1744号)
[24] 国家发展改革委办公厅、交通运输部办公厅《关于进一步做好收费公路政府和社会资本合作项目前期工作的通知》(发改办基础〔2016〕2851号)
[25] 国家发展改革委、住房城乡建设部关于《进一步做好重大市政工程领域政府和社会资本合作(PPP)创新工作的通知》(发改投资〔2017〕328号)
[26] 国家发展改革委办公厅印发《传统基础设施领域政府和社会资本合作(PPP)项目库管理办法(试行)》
[27] 国家发展改革委办公厅《关于国家高速公路网新建政府和社会资本合作项目批复方式的通知》(发改办基础〔2016〕1818号)
[28] 国家发展改革委《关于开展政府和社会资本合作的指导意见》(发改投资〔2014〕2724号)

［29］国家发展改革委、国家开发银行《关于推进开发性金融支持政府和社会资本合作有关工作的通知》（发改投资〔2015〕445 号）

财政部

［30］财政部《关于推广运用政府和社会资本合作模式有关问题的通知》（财金〔2014〕76 号）
［31］财政部《关于印发政府和社会资本合作模式操作指南（试行）的通知》（财金〔2014〕113 号）
［32］财政部《关于规范政府和社会资本合作合同管理工作的通知》（财金〔2014〕156 号）
［33］财政部关于印发《政府和社会资本合作项目财政承受能力论证指引》的通知（财金〔2015〕21 号）
［34］财政部关于印发《PPP 物有所值评价指引（试行）》的通知（财金〔2015〕167 号）
［35］财政部关于印发《政府和社会资本合作项目财政管理暂行办法》的通知（财金〔2016〕92 号）
［36］财政部《关于在公共服务领域深入推进政府和社会资本合作工作的通知》（财金〔2016〕90 号）
［37］财政部《关于进一步做好政府和社会资本合作项目示范工作的通知》（财金〔2015〕57 号）
［38］财政部关于印发《政府和社会资本合作项目政府采购管理办法》的通知（财库〔2014〕215 号）
［39］财政部关于印发《政府采购竞争性磋商采购方式管理暂行办法》的通知（财库〔2014〕214 号）
［40］财政部《关于政府采购竞争性磋商采购方式管理暂行办法有关问题的补充通知》（财库〔2015〕124 号）
［41］财政部《关于规范政府和社会资本合作（PPP）综合信息平台运行的通知》（财金〔2015〕166 号）
［42］财政部关于印发《政府购买服务管理办法（暂行）》的通知（财综〔2014〕96 号）
［43］财政部《关于规范政府和社会资本合作（PPP）综合信息平台项目库管理的通知》（财办金〔2017〕92 号）
［44］财政部关于印发《政府采购代理机构管理暂行办法》的通知（财库〔2018〕2 号）

其他各部委

[45]《关于加强中央企业 PPP 业务风险管控的通知》(国资发财管〔2017〕192 号)
[46]《招标拍卖挂牌出让国有建设用地使用权规定》(2007 国土资源部令第 39 号)
[47]《企业国有资产评估管理暂行办法》(2005 国资委令第 12 号)
[48]《企业国有产权转让管理暂行办法》(2003 国资委、财政部令第 3 号)
[49]《企业国有资产交易监督管理办法》(2016 国资委、财政部令第 32 号)
[50] 关于印发《收费公路政府和社会资本合作操作指南》的通知(交办财审〔2017〕173 号)

二、国际上相关指南

[51]《世界银行 PPP 项目合同条款指南》(2017 年版)
[52]《世界银行 PPP 项目参考指南》(2.0 版)
[53]《澳大利亚 PPP 合作参考指南》(2008 年版)